ちくま文庫

寝ころび読書の旅に出た

椎名誠

JN165992

筑摩書房

本書をコピー、スキャニング等の方法により
無許諾で複製することは、法令に規定された
場合を除いて禁止されています。請負業者等
の第三者によるデジタル化は一切認められて
いませんので、ご注意ください。

目次

2章　黄金の読書時間を与えてくれた本

1章　やわらかい科学本というのがある

日高敏隆氏に魅せられて

　尊敬する動物行動学者、日高敏隆氏（一九三〇〜二〇〇九）の最後の一冊である『世界を、こんなふうに見てごらん』（集英社文庫）に、人間と、人間以外のあらゆる生物（動物から昆虫、もっといえばバクテリアまで）の違いは何か、という問いかけがある。わからないまま解答を読んでしまったが、それは「自分の死を考えないこと」であった。そのことは同時に「未来を考えないこと」でもある。

たしかにアリが行列を作りながら、フと明日自分は死ぬかもしれない、などと考えていたら行列も乱れるだろう。死を考えないで生きられる生物は羨《うらや》ましくもあるが、人間は死を考えることができるから芸術がうまれ、宗教がうまれ、哲学がうまれ、科学がうまれたのだろう、と考えると人間であることの責任を深く考えてしまう。とくに原発事故のあとでは。

　ぼくが日高氏の書くものに傾倒しはじめた最初の本は、翻訳書のエドワード・ホール『かくれた次元』（みすず書房）だった。このなかに人種ごとに違う対人友好距離の話が出てくる。どのくらいの距離で話をするのが一番ここちがいいのか、という比較である。欧米人とアラブ人の違いが大きい。

欧米人はテーブルをはさんで椅子の背にもたれる距離。アラブ人は五〇センチぐらいに接近し、互いに相手の目を見つめ、相手の体臭をかぎながら顔に唾をとばしあえる距離を好む、という。生物の向かい合う距離の大切さにはじめて気づいた瞬間だった。

たくさんある日高氏の本のなかでぼくは『春の数えかた』（新潮文庫）をしばらく座右の書としていた。この本には昆虫と植物が数多く出てくるが、いきなりペンギンやヒキガエルやスリッパ（あの家のなかで履く）などが出てきたりして、激しく思考が刺激される。日高氏の世の中を見る目はみんな平等に優しいが、ときに震えるほど鋭かったりする。（この本のくわしい感想については三七頁に）

たとえばこの本の表題である「春」だ。日本の新年はまだ冬のさなかだが、年賀状に「新春」などと書いている。日高氏は子供の頃からその嘘《うそ》っぽい日本のたてまえ重視の表現に疑問を持っていた。で、野山の枯れ草の下で動き回る虫に春を見つける。シデムシだ。死出虫と書く。この虫は先に紹介した『世界を、こんなふうに……』の本で元気に活躍している。

もっと氏の視線をたくさん知りたかった。

「東京新聞」二〇一二年三月三日

メタボ化する地球？

二十一世紀は「水戦争の時代」と言われている。日本は世界でも稀《まれ》なほど水に恵まれた環境にいるのでこの危機はまだあまり深刻に語られずにいるが、明日の飲料水を確保するのが困難な人は世界に二十二億人もいるという。

この水問題についての本を書くために四年ほど世界の水事情を取材していたが、そのおりにいくつかの思いがけない発見をした。

飲料水の供給源である川について調べていると、世界の川が海に流している土砂は〝毎年〟八立方キロメートルになるという。ダンプカーの積み荷に換算すると五億台分になる量だ。これは『砂―文明と自然』（マイケル・ウェランド著、林裕美子訳、築地書館）による。

こうした浸食作用によってヒマラヤ山脈は一〇〇〇年に三〇センチほど低くなっているという。同じことは世界のすべての山にも言えるのだろう。その程度なら僅《わず》かなものではないか、と思うかもしれないが、これが永久に続いているのである。つまり「地球の背はどんどん低くなっている」のだ。世界中の川が休みなく左右の岸辺と底の土砂を海に流し続けているのだから当然そういうことになるのだろう。でもなんだかこころ細い。

砂の次に、『土の文明史』（デイビッド・モントゴメリー著、片岡夏実訳、築地書館）を読んでいてびっくりしたのは、地球をかたちづくっている土（土壌）のはかなさだった。

地球をとりまく有機物を含んだ土壌の厚さは三〇センチから一メートルというのだ。そんなバカな、地面はもっと深くまで掘れるぞ、というヒトがいるかもしれないが、ここでいう土壌とは植物や生物を育てることができる生きた「土」だ。著者は「地球の皮膚」と表現している。「これは地球の半径六三八〇キロメートルのうち一〇〇〇万分の一をわずかにこえるにすぎない」「一方、人間の皮膚は厚さ二ミリメートルほど。平均的な身長の人間の一〇〇〇分の一弱である。割合からいえば、地球の皮膚は人間の皮膚よりはるかに薄く、壊れやすい層なのだ」

救いになる話もある。『小さな塵《ちり》の大きな不思議』（ハナ・ホームズ著、岩坂泰信監修、梶山あゆみ訳、紀伊國屋書店）である。

題名から魅力的だった。何を追求しているかすぐにわかる。こういうひとつのことに激しく集中してこだわる本が大好きである。特にこれは目に見えないような小さな塵に向かって途方もない好奇心と興味と探究力の矛先が集中する。今まで理由のわからないままに不思議に思っていたこと、謎と感じていたことなどが次々と小気味よく解明されていく。そのカタルシスの数々はここには到底書き切れない。だから大きなものをひとつ。

子供の頃から大地はどうして減らないのだろうかと疑問に思っていた。波に削られ、雨に流され、川に運ばれ、海に大地の多くが毎秒ごとに運ばれていく。なのにどうして大地は残っているのか。そのことの謎がこの本でいきなり明快に解けてきたとき、いわゆる目からウロコがはらはら落ちる「目ウロコ状態」になった。読書の感激による目ウロコは小さな塵のようなものだが、流れ落ちれば落ちるほど満足度が増してくる。

地球には宇宙から毎日一〇〇万トンの塵が舞い降りているらしい。よく聞く「宇宙塵」である。もちろん分子レベルの大きさだが、その密度は一台の自動車の上に一粒ぐらいという。それが先史以来毎日一〇〇万トン、ずっと降り続いている。つまり「地球は太っている」のである。けれど空気も水も宇宙からの供給は一切ない。宇宙からの「贈り物」はずいぶん不公平なのだ。どこか宇宙から見つめている神が、空気や水は自分たちが自覚をもって守りなさい、と言っているのだろうか。

福島原発のいっこうに収拾のメドがたたないやきもきする事態の渦中に、放射能汚染された大量の水が海に投棄される事件があった。そのとき当事者からの事情説明に「海は広くて大きいから放射性物質は希釈され、さして心配することではない」というような発言があった。

「海はひろくて大きい」

この小学生唱歌のようなことを言っている当事者の顔をぼくは唖然《あぜん》として見ていたものだ。『センス・オブ・ワンダー』（上遠恵子訳、新潮社）や『沈黙の春』（青樹簗一訳、新潮文庫）を書いたアメリカの女性自然科学者レイチェル・カーソンは、著書のなかで宇宙に浮かぶ地球をリンゴにたとえる。朝日に輝きはじめた地球は広漠の宇宙に浮かぶリンゴのような美しくもはかない存在で、たとえばその惑星の大気はリンゴの皮ほどの厚さもない。そういう意味のことが書いてあった。

地球の大気は当然無限ではないけれど、わたしたちは日々のありふれた生活のなかで、大気は感覚的に、天空はるか高みにいたるまではてしなく濃厚に地球を覆っているありがたい盤石の生命の基、というような安堵《あんど》をつい持ってしまう。

「東京新聞」二〇一二年七月一日に大幅加筆

身近には毒ばかり

『毒のはなし』（D・バチヴァロワ&G・ネデルチェフ著、山崎紀美子、川並辰男訳、東京図書）を読んでいると、これからはずっと家のなかでじっとして断食し、呼吸もずっととめていたくなる（無理だが）。

なにしろ世の中のあらゆる物質が、状況によって死をもたらす「毒」になりかねない、ということがわかってしまったからだ。

たとえば「酸素」でさえ沢山吸いすぎるとヘモグロビンの多くが酸素と結合してオキシヘモグロビンというものになってしまい、呼吸中枢を麻痺《まひ》させる。病院で使用している医療用酸素などを誤って使われるとそういうことがおきるらしい。二酸化炭素の危険はよく知られている。オゾンも過剰摂取すると肺浮腫をおこす。セメント工場付近も長くいないほうがいいようだ。建築材料も要注意だ。そういう話がどっさり入っている。

自然界の食べ物の項目になるとスーパーに二度といきたくなくなる。とくにキノコ中毒は世界中でおきており、食物中毒のうちの14%がキノコであるという。

『毒草の誘惑』（植松黎《れい》著、清水晶子画、講談社）にドクササコの話が出ている。以前から知っていたが、あらゆるキノコ中毒のなかで、こいつだけは絶対いやだと思っていた。そこらにありふれてある、見たかんじいかにも無害そうな、いや美味《おい》しそうな姿をしているから根性が悪い。食べてから四、五日にして症例が現れる。手や足の先が浮腫のように赤く膨らみ、指などフランクフルトソーセージみたいになる。痛みは気絶するほど強烈で、冷たい水にさらしておくと少し薄らぐのでむかしはみんなそうしていたらしい。田舎などでは一週間も十日も谷川の冷たい水に手足をつけていた、という事例がたくさんある。別の本では指の皮膚も肉も爛《ただ》れて落ちて骨が露出した、などという怖い話が出ていた。薬効もはっきりしておらずモルヒネ投与も効かない人がけっこういるらしい。

『毒草を食べてみた』（植松黎著、文春新書）にも強烈な話が出ている。バイケイソウの障害である。これもありふれてそこらの野原にあるが山菜と間違えて食べるとアルカロイドを何種類も含んでいるので神経障害をおこす場合が多いようだ。

でもこの草の毒性で怖いのは動物の被害である。羊が妊娠して十四日目にこの草を食べるとサイクロパミンと呼ばれる不気味な奇形をひきおこすらしい。なんと「ひとつ目」の子が生まれるのだ。羊が妊娠すると十四日目に神経系が形成される頃らしく、それが作用しているのではないか、という程度しか今は原因がわかっていない。

「東京新聞」二〇一二年九月二日

あっそうだったのか！

本を読んでいて「あっ、そうなのか！」というような、自分にとってはコペルニクス的転回に近い思考的刺激に呆然《ぼうぜん》とすることがよくある。読書の悦楽とでもいおうか。たとえばオリンピックに「近代五種」というのがある。馬術、フェンシング、水泳、射撃、クロスカントリーなどだ。これのどこが「近代」なのか、と長いこと思っていたが『百億の星と千億の生命』（カール・セーガン著、滋賀陽子、松田良一訳、新潮文庫）に、それに先立つ伝統的な「古代五種」とでもいうべき種目が書かれていた。すなわち跳躍、投擲《とうてき》、レスリングなどである。これらはすべて「狩り」のための技だった。めざす獲物に石や槍《やり》を命中させ、最後は取り押さえる。走り幅跳び、高跳び、円盤投げ、槍投げ、レスリング等は古代人の生きる力だったのだ。なるほどそれにくらべたら射撃などは「近代」そのものだ。

『宇宙旅行はエレベーターで』（ブラッドリー・C・エドワーズ&フィリップ・レーガン著、

関根光宏訳、オーム社）を最初に手にしたときは現代版バベルの塔を思い浮かべ、いわゆる「トンデモ本」のたぐいかと思った。ところが、読んでみるとこの原理はハンマー投げの力学に近いもので、いわゆる「目ウロコ本」なのであった。

ハンマー投げは遠心力を利用している。ハンマーを持ってくるくる回っている選手を地球とするとハンマーが宇宙の静止衛星。しかしこれは巨大なもので、たとえていえば宇宙都市のようなものになる。今課題になっているのはこの地球とカウンターウエイトである宇宙都市を繋《つな》ぐ軌道の素材である。鋼鉄などではとてももたない。いま開発されつつあるのは鋼鉄の百二十倍近い強度をもつカーボンナノチューブという繊維である。こういう素材を使って宇宙への安定軌道ができると、今のあぶなっかしい科学燃料で宇宙へ飛び出していたロケット時代を、未来人は、爆弾の束の上に乗って宇宙に飛んでいた時代、などと笑うのかもしれない。

科学はさらに加速度的に進歩する。ぼくの座右の書のひとつは『サイエンス・インポッシブル』（ミチオ・カク著、斉藤隆央訳、NHK出版）だが、ここでは透明人間の作り方を科学的に説明している。ヒントは一方向にしか屈折しない光を逆方向に屈折させるメタマテリアルというまったく新しい素材の開発である。こんな短いスペースではそれしか書けないが、これぞ「目ウロコ本」の代表といっていい。

「東京新聞」二〇一二年一〇月七日

縮小、拡大で見える世界

子供向けに書かれた『地球がもし100cmの球だったら』（永井智哉著、世界文化社）を寝ながらパラパラやっていると不思議な宇宙を旅することができる。

この本が好きでぼくはしばしば眺めているのだが、地球を直径一メートルに縮尺するとそのまわりを覆う大気は一ミリである。世界で一番高いエベレストは〇・七ミリ。一番深い海溝は〇・九ミリ。海の平均深度は〇・三ミリで地球全部の水を集めても六六〇ccにすぎない。ビールの大瓶一本分である。しかもそれらの多くは海水で、人間が飲める淡水は一七cc。しかしそのうちの一二ccは南極や氷河に凍っており、回流している「飲める水」はわずか五cc。スプーン一杯の量でしかない。

そしてこの水は閉ざされた惑星地球のなかで、一滴たりとも外部（宇宙）から補給されることのない絶対的に限られた量の水なのである。海に放出された放射能汚染水は半減期二万年などという想像もつかない。すなわち永久にといってもいい期間、地球を汚染し続ける。こういう汚染はこれからもまだ続くだろう。現代のテクノロジーでは決して浄化されないまま、もしかすると地球のすべての生命の存続に直接かかわるくらいのスピードで。

地球の命の基である大気は思いがけないほど脆弱《ぜいじゃく》な存在で、その大気の中で回流する水は永久に閉ざされた中をただ回転しているだけなのだ、ということに気がついたとき、ぼくは精神的な窒息感を味わった。

海はわたしたちがノウ天気に思っているほど広くもなく大きくもないのだ。そして断固として「閉ざされている」のだ。

『君がホットドッグになったら』(ロバート・エーリック著、家泰弘訳、三田出版会)も子供向けの本だが、さっきの本のようにものを縮小したり拡大したりしていくとわかりやすくなる、という観点がとても面白い。

生物には成長限界というものがあるが、世界最大の蛇アナコンダになぜ三〇メートルの超巨大なものがいないか、を拡大のロジックで説明してくれる。いま仮に長さ一キロのアナコンダがいて尻尾を何かの動物にかじられたとする。生物の神経刺激信号の速度は毎秒一〇メートルという。すると長さ一キロのアナコンダが尻尾を噛《か》まれて「痛い!」という信号が脳に到達するまで一〇〇秒かかってしまう。脳が自分の尻尾に対して避難、移動の信号を伝えるまでまた一〇〇秒。往復三分の空白時間にアナコンダの尾はほとんど食われてしまう。野生動物は、自分の身におきた外敵からの攻撃を瞬間的に察知しないと生きていけないからおのずと大きさの成長限界が決まってくる。

『絵で見る比較の世界』（ダイアグラム・グループ編著、草思社）も、かれこれ三十年ぐらいベッドのそばにおいて眺め、いろいろ唸《うな》る本だ。ウイルスから宇宙まであらゆるモノの大きさを比較している。

宇宙にちらばる恒星の大きさは月の半分ぐらいのものから地球の一万倍ぐらいのものまでおよそ十億ぐらいあるという。本書が出版された一九八一年に知られていた恒星のうち、もっとも大きいＩＲＳ５は地球の一万六百倍である。その直径をエヴェレストとすると、わが太陽系の地球は一歳半の幼児の大きさにすぎない。植物で一番成長速度の速いのはタケで一日に九〇センチ伸びる。これは人間の幼児が十年かけて成長する数値だ。

「東京新聞」二〇一二年一一月四日に加筆

男は永遠に大人になれない

たくさんの本を読んでいるが最近とても感動した一冊があった。コエン・エルカさんというアメリカ人が書いた『生き物として、忘れてはいけないこと』（サンマーク出版）である。著者はアメリカ人であるがユーラシア大陸の中央部に住む先祖を持ち、アメリカでネイティブ（いわゆるアメリカンインディアン）の解放運動などにたずさわった人だ。ぼくの妻の友人でもあるのでときおり我が家にやってくる。子どもたちの質問に答える形でコエン・エルカさんの考え方がわかりやすく綴られている。第一章は「いつから大人になるの？」という質問に答えてのものだった。

日本では二十歳で成人とされ、この日の前日までが子どもで翌日から大人ということになる。ぼくも前から考えていたのだが、そんな単純に地面に書いた白い線をまたぐような感じで大人と子どもの領域を分けていいものなのだろうか。そういうことではない、と著者は書いている。子どもが産めるということを大人というふうに考えれば、十四、五歳で結婚してお母さんになっている人も世界にはたくさんいる。勇気と決断力とちからのある一人前の男になるという意味ではニューギニアの青年は高い櫓《やぐら》からひもをつけて地面に落下する儀式（バンジージャンプの原形）を義務付けられるし、かつてのマサイ族はライオンと戦わなければ大人とは認められなかった。文化や、その国の人々の考え方により、「大人」の尺度は違う。これを読んだとき、日本の成人式で酒をのんで暴れる青年たちが頭をよぎった。

けれど「男は永遠に大人になれない」と著者はこの中で結論付けている。その沢山の理由がわかりやすく説明されていて、ぼくはそれを読んでいろいろ激しくうなずくしかなかった。妻がこの本を僕に読めと言って渡した理由のひとつはそこにあったのだろうとそのあたりでまず気がついた。

どうして戦争がなくならないのかという理由《わけ》もエルカさんの考えを知ると明快にみえてきた。

戦争はすべて恐怖心から始まっている、と答えている。初期文明の小さな社会を考えるとわかりやすい。隣り合わせる五人の集団と十人の集団では常に五人の方が恐怖を感じている。闇討ちして十人の集団をやっつけようという策略を立てる。しかし十人の方はその事を予想して五人の部族よりも恐れていたりする。世界の戦争の歴史はその繰り返しだったという説明は思いがけなかったがわかりやすかった。宗教戦争はやはり恐怖心から起きているようだ。信じるものをいつ別のものに奪われるかわからない。その前に相手を自分らの宗教を信じこませ支配してしまおうという力学が働く。コエン・エルカさんのこの本を読んでいるときに、ぼくはアメリカのイミグレーションを通過した。今世界で最も厳しい審査と検査をするのがアメリカのイミグレーションである。それは世界で最も日常的に何かに恐れおののいている風景にもだぶった。軍事的に世界で最強といわれるアメリカは、実は世界で一番姿なき恐怖に怯えている精神構造的に弱虫な国家のように思えた。

話は少し変わるが、最近ぼくに孫ができた。アメリカに住んでいる子どもの間に生まれたので年に一、二度しか会うことができない。孫はかわいいから、空港で別れるときにどうしてもぼくは涙ぐんでしまう。別れがつらい。しかし、妻を見るとそんな動揺は微塵もない。あるときくやしまぎれに「この薄情もの」と帰りの飛行機の中で妻に言った。すると彼女は「女は出産するときに最愛のものと強引に引き離される一番つらい別れをすでに体験しているから、今程度の別れはべつに悲しくもなんともないのよ」と言い放った。女は強いと言われるし、我が妻などもここ数十年、年ごとに強大化している。確かにエルカさんの言うように女だけは大人になっていけるのだろう。

グリーンコープ情報誌『グープ』二〇〇五年九月

小さな川大国の日本

なんでもそうだが、豊かすぎると、そのことに気がつかない、ということがよくある。水などそのさいたるものだろう。

以前、メコン河の源流まで行ったことがある。いささか高山病にやられながらも「ヒイハアヒイハア」あえいでやっとたどりついたところは岩から冷たい水がポタポタ落ちていた。その水に手をかざし、唇と額につける。ごく自然に、人間がなにかに全身で感謝し、ひれ伏す時の姿勢になった。大河の源に人知を超えた神のようなものを感じた。

大河の源流には大きくわけてふたつのかたちがあるそうだ。このメコンのような一点に定まったものと広範に源流をもつケース。

世界最大の河、アマゾンなどは源流エリアはオーストラリア大陸ぐらいあって、そこからじわじわ細流が集まって七千二百キロの大河になる。似たような源流をもつパラナ河のそうしたじわじわ水の生まれてくる源流域に行ったことがある。広いエリアを水源にする河は、メコン河のようにポイントがかぎられている源流とちがって、神々しさのようなものは薄れるが逆に河のもつ底力のようなものを感じた。

アマゾン河の源流がまとまってくる「奥アマゾン」と言われる場所まで行ったことがあるが、こういう大河の雨季と乾季のすさまじさを実感した。

ぼくが行ったのは雨季のおわりの頃で、通常のアマゾン河の水面から平均十二メートルほども上に水があった。そのエリアはヨーロッパ全土ぐらいで、半年間その状態が続くという。早い話、ヨーロッパ全土が半年間洪水になっているようなものなのだ。

メコン河もアマゾン河もとにかくいたるところその豊富な水量に圧倒され、河は本当に人間の命の源なのだな、ということを実感した。

けれど、いま世界は二十一世紀に入って深刻な水不足の危機にあるという。二十一世紀は地下エネルギー資源の枯渇とならんで、水資源の不足が、もっと直接的に人間の生命にまでかかわってくる大問題になるという。

世界の大河をいくつか実際に見てきた感覚からいうと、どうも言われているそういう危機がピンとこないのだが、近頃はようやくその理由が少しわかってきた。

地球規模の水の分配が非常に不公平なのだ。そして日本は水に恵まれすぎていて、なかなか世界の「水飢饉」を実感できない構図になっているようなのだ。

日本の川は世界の河川事情から比べるときわめて特殊な存在である。簡単に言うと日本は川だらけの国なのである。

三万五千本の川があるという。沢山あるが狭い国だからそのひとつひとつは短い。一番長い信濃川で三百六十七キロしかない（これはマラジョー島をはさんだアマゾン河の河口の幅より狭い）。

日本の小さい川は源流が山の中にあり、急峻なので、流れる水は岩を削り、ミネラル豊富でおいしい。そしてこれらの川は全部日本の国内を流れる「国有」の川である。

これに対してアマゾンやメコンなど世界の大河は沢山の国々を流れてくる国際河川である。このことも、日本の川と世界の河の概念が根本的に違っていることにつながっている。自分の国に沢山の川を保有しているから、川が枯れて流域に住む人間が渇きに苦しむ、という不安があまりない。くわえて日本は上水道のインフラが世界一と言えるほど完成されている。どこの家でも水道の栓をひねれば飲める水が簡単に出てくる。このことが日本人の水に対する危機感をさらに甘くさせているようだ。

世界を旅していると、水を得るために半日の道のりを往復する人々や、雨水を溜めるのに家族総出で必死の人々や、枯れていく川を捨てて集落ごと移住していく人々などを沢山目にする。排泄物と飲み水が同じ水たまりにあったりする例も沢山見てきた。

その一方で、日本はいまだに川の上流で、果して本当に必要なのかどうかわからないダムを作り続け、川をコンクリートや薬品で汚染させる護岸工事を行い、毒にも近い排水を行っている工場などを作っている。

谷川までミネラルウォーターそのもののおいしい水が流れているのに、その貴重さを無視しているのだ。水不足にあえいでいる国の人が見たらびっくりするような攻撃的な川の破壊を平気でやっているこの国は果して本当に文明国なのだろうか、と思うことがある。

『サントリークォータリー』二〇〇八年秋号

私がみた狼――『ブラザー・ウルフ』（ジム・ブランデンバーグ著、太地実訳、講談社）

過去に二回、狼の遠い咆哮を聞いた。一度はヤクート自治共和国のヤクーツク郊外で、そして二度目はモンゴルのムングンモリトという小さな村で。

最初はそれが狼のいわゆる〝遠吠え〟であるとは気づかなかった。

ヤクートもモンゴルも私の好きな所は犬が多く、その地に入ったときから昼に夜にひっきりなしに犬たちの吠える声が聞こえていた。

ヤクートのときは、ある夜更けに、ロシア人の通訳が少々ウオトカに酔ったくちぶりと気配で私の寝場所にやってきて、「いま聞こえているだろう」と言った。その通訳はわれわれの取材チームが彼にプレゼントした日本製のストレッチタイプのトレーニングパンツをいたく気に入って、寝るときはいつもそれを必要以上に腹の上の方にたくしあげていた。

そのパンツを両手でさらにずり上げながら、彼は私に目を覚ますようにと言った。

相変わらずのいつもの犬の遠吠えのように聞こえていたものが、実はシベリア狼の遠い咆哮であると聞いて、私はいちどきに気持の奥を緊張させたのだった。粗末なところではあったがきちんとした木造小舎の中であるから、その狼を怖れての緊張というわけではない。生まれてはじめて聞く、鋭い野性の生き物のホンモノの声に畏怖の念を込めて静かに感激したのであった。

神経を集中させて聞くと、その声はたしかにそのあたりの犬どもの吠え声とは違っていた。

壮烈で精悍、しかしなんとなく、かなしげな気配もあった。

黙って聞いていると夜の闇がじわりと重く濃厚になるような、そんな切なげな声にも聞こえた。

「あれがシベリアの野生たちがウオトカを求めている声だよ」と、ロシア人の通訳はどうしようもないような冗談を言いつつ、さらにパンツを両手でたくしあげた。狼のかなしい鋭さとあまりにも対極にあるそいつの間抜けなしぐさであった。

広大なシベリアではあっても野性の生き物にとっては追われゆく大地になっている、とそのあといくつかの本でそのような現実を知った。

モンゴルの狼はもっと騒々しく、一緒にいた遊牧民はそんな声などありきたりのものらしく、ほとんど無表情であった。

モンゴルの遊牧民にとって、狼は大事な家畜を襲うただのいまわしい野獣である。狼狩りはつねに行われているし、見ればたちまち射殺する。

あるとき、狼を飼っているモンゴル人がいると聞いて、訪ねた。ウランバートルからクルマで二十分行った本当の都市郊外であったが、数か月前に裏山でつかまえてきたのだという。

まだ子どもだ、というのだがとてもそのようには見えない骨太の立派な体と、狼の真髄ここにありといったような一切の妥協を拒む鋭い目をしていた。

そいつは檻の中に入れられていた。飼主はわれわれが行くと、もっとよく見せよう、と言ってそいつを外に出した。長くて太い鎖を二本つけている。その男はそのようにして野生動物を飼うのが好きなようで、庭のすみにはやはり巨大な猛禽類であるタスがいた。羽根をひろげると三メートルにもなるハゲタカの仲間である。

狼が出てくると、タスは警戒と緊張で大きく羽根をひろげ、ばさばさ羽ばたきながら、いやな声で鳴いた。

飼主は檻から出てきた狼に巨大な肉のかたまりを投げあたえた。

たちまちその肉に噛みつき、激しい音をたてて数秒のうちにほとんどろくすっぽ噛みもせずに呑みこんでしまうところを見ていると、狼というのは、犬には似ているというものの、すさまじく獰猛《どうもう》な性格から体のしくみや思考しているものまで、まったく犬などというものとは別物の生き物なのだ、と思えてくるのであった。

それがもっと明確になったのは、四〜五キロの生肉のかたまりをがしがしと（そう、まさしく〝がしがし〟という形容そのままに）そっくり食い終ってから、飼主が、「そうだ、こいつに水をやるのを忘れていた。」と言って、バケツの水をあたえたときであった。今度はその水の激しい呑みかたといったらなかった。バケツの中に頭を突っ込むようにして、「ごっごっごっ」とものすごい音をたてて水がなくなるまで呑んでいた。その呑みっぷりがあまりにもすさまじいので、どのくらい水をやるのを忘れていたのか、ということを聞いた。

「三〜四日だ。」とその飼主は答えた。

それを聞いて私はしばらく黙りこんでしまった。もし人間だったら、いかに空腹でも、最初に水を呑まなければ何も食べられないだろう。三〜四日も水も呑まず、いきなり与えられた肉をこのようにむさぼり食う力は、やはり野性の生物そのものの底力なのであろう。

人の手にとらわれたその狼の写真を撮った。それを私はモンゴルを訪ねる私の著書の中に掲載した。

「どうしてこの狼はこのように果てしなくかなしげな顔つきをしているのだろう。」と、その本を見る人は同じように私に言う。

一九九四年の六月から七月の二カ月、ウランバートルから二二〇キロほどはなれたウンデレシレットというところで長期間キャンプし、モンゴル遊牧民の生活と日々をテーマにした映画を撮影していた。

私たちの本隊とは別にモンゴル中の野生動物を求めて、少人数の別動隊が四カ月にわたってその周辺を撮影して歩いたが、あるとき、ふだん怒ったことのないチーフカメラマンがひどく激昂して帰ってきた。彼らを案内していた猟師が、狼の子どもを射殺したのだという。その狼は生まれたときから何度もその住み処に行って、成長するのを映画に記録していたのだ。

「もう充分大きくなったから、これ以上大きくさせない。」という理由で猟師は撃ったのだという。

モンゴル人たちは狼を激しく嫌う。遊牧民にとっての巨大な敵だからだ。

そして同じようにモンゴルの狼たちは、私たち「人間」を嫌っている。

一九九五年の二月に再び厳寒期のモンゴルへ行って、知りあいの遊牧民を訪ねると、三日前に狼に襲われ足の骨まで露出している二歳の馬がいた。

なんとか生きのびるだろう、と言っていたが、人間と狼の闘争の一端を厳しく垣間見た気がした。

冬は餌が少なくなり、狼たちも生きるのに必死なのだ。

それにしても、この荘厳かつ荘重ともいえるブランデンバーグ氏の写真のそこかしこにある、原野を走る狼たちの、生きていく顔のやはりどこか激しくかなしげに見える理由は、なんなのであろうか……。

一九九五年三月

かしこい〝美人本〟――『春の数えかた』（日高敏隆著、新潮文庫）

ぼくは学術的な思考の基盤がまったくない単なる野次馬的自然科学ファンであるから、新刊で見つけてくるその分野の本はどうしても自分自身の好みが左右する。感嘆し好きになる本は、視点が学者のそれではなく「人間の視線」であって、なおかつ専門家としての鋭い分析力があり、さらに文章がうまい。

――というような大変贅沢《ぜいたく》な要求をもってしまうのである。

日高敏隆さんの書かれてきた本がまずその代表的なものなのである。そうして二〇〇一年にこの本と書店で出会った。

「なんという上品で綺麗《きれい》な本なのだろう」

と、その時思った。まだ中をぱらぱらやる前だ。

まず全体の雰囲気が優雅である。

仕事柄、書店はしょっちゅう歩いているから新刊の棚は全部みる。本は往々にしていかに強引に読者の目をひくか、という目的のために派手で奇抜と思えるくらいの過剰装丁が多い。とくにミステリーものなどはひと昔前の映画の看板もどきのものもある。

そんなけばけばしい厚化粧の「売らんかな本」のかたまりの中に、この本は「ほわん」として実に優雅にやさしくぼくの目の中に入った。まず題名がやわらかくてセンスがある。さらに装画と装丁がなんと心やさしいことであろうか。こういうのを「うつくしい本」というのだな、と思った。

この本に書かれていることの多くは著者の見ている日常的な風景とそこからのいくつかの思考の断片である。しかし自然の風景やそこに息づく生命にたいして日本の第一線にたつ超のつく専門家であるから、思考の断片がひとつひとつ刺激的であり、示唆《しさ》にとんでいる。

けれどその深い学識、見識を感じさせないような配慮があって、話はいたって平易に分かりやすく語られていく。

ぼくは日高さんのこうしたエッセイを読むとき、若い頃に寺田寅彦《とらひこ》の科学エッセイをむさぼり読んでいた頃のことを思い出すのだ。この科学者のエッセイも難しいことを平易に書いてくれるので読むたびにいろいろ刺激された。そして人間は生きていく過程で「モノを考えていく」という血のわきたつような体験ができる、ということを教えられたのだ。

日高さんのこの本を読んでいると日本がこのやみくもな経済成長の過程で失ったものがあまりに多すぎたことを知らされ、暗澹《あんたん》たる思いに沈む。けれどそうではあってもわずかに残された里山や、都市の小さな公園や、無意味で無思慮な開発郊外の片隅に、きちんと遺伝子を継承して、いくつもの小さな生命が息づいていることを教えられ、いささかの安堵《あんど》を胸にすることができるのである。

すべての動物や昆虫の行動には「意味と目的」がある、ということをぼくはこの『春の数えかた』というやわらかい題名の本の中で改めて新鮮な思いでいくつも学習することができた。

いたるところでそんな刺激を受けたが、とくに花と虫のところで、何故《なぜ》花は同じ高さのところに花をつけるのか、という疑問の解答が虫の効率的な蜜《みつ》採集のために植物のほうがその手伝いをしているのだ、と書いてあるので仰天した。

ぼくも世界のフィールドでいろんな花を見て考えることがあるのだが、虫に対して花のほうがそんなに恭順でいいのだろうか、という疑問を持ったのだ。けれどどうやらそれは「花たちの性」にその秘密があるらしいとわかってきた。同性や異性などといったものとも基本概念の違う、いわば人間と異星人と言ってもいいくらいにかけはなれた、別の生命たちとの性の闘争が、私たちのこんな身ぢかなところで行われている、ということに驚愕《きょうがく》したのでもある。

ものを見てよく考える、という生物学者の思考の原点を垣間見るようで恐れ入るしかなかった。

かと思うと著者はいきなり「スリッパ」についても言及しておられる。日本人が日常的に使っているスリッパは実は世界のヨソの国では滅多に見ることがない、ということはぼくも気になっていた。スリッパはある意味では清潔を保つものではあるが、安宿などにものすごくくたびれた見るからに不潔そうな、もう五万人ぐらいの人々の水虫《ミズムシ》がびっしりはびこっているのではないかと思えるようなものすごいやつが並んでいると、スリッパ文化の国の不幸と悲しみ、といったものを感じるのだ。

そんなことを悲しんでいるのはぼくだけかな、と思っていたらこんなに高名な生物学者も考えてくれているのだ、ということを知って実に嬉《うれ》しくなったのである。

ぼくは日高先生の訳したエドワード・ホールの『かくれた次元』を座右の銘にしている。この動物行動学の古典を何度も読むことによって動物や虫などの不思議な行動をあちこちで目にするたびにモノゴトを自分なりに考える、という思考の訓練をおしえられたのである。

それ以来、日高先生の名に親しみを抱き、これまで日高先生のたずさわった殆《ほとん》どの訳書や著書を読んできた。そしてこの『春の数えかた』は動物や虫や植物への興味だけでなく、人間として生きることの喜びを確認できるすぐれた人生の思考の書という「かしこい美人」の本でもある、ということを確信したのである。

二〇〇五年二月

2章　黄金の読書時間を与えてくれた本

カモメも絶賛！「漂流記」

漂流記にのめりこむのは、底知れない不安の中で生き抜いていくための知恵と勇気が、読むものに同じような勇気と「生きる力」を与えてくれるからだろう。

『大西洋漂流76日間』（スティーヴン・キャラハン著、長辻象平訳、ハヤカワ文庫）は嵐の大西洋で乗っていたヨットが鯨と衝突し、ライフラフト（簡易救命イカダ）にのがれた漂流者のへこたれない漂流の日々を克明に描いている。その優れたサバイバル技術が素晴らしく、小説などではとても及ばない極限世界の迫力に満ちた漂流記もののナンバーワンだ。

イカダのなかにわずかにあった水と食料の最低の自活道具。それらを冷静に使って、毎日のように攻めてくるシイラやサメと戦い苦労してそれを捕獲する。壊れていくイカダの修理。鉛筆三本でつくってしまう六分儀。わずかな持ち物で、太陽による海水蒸留装置で真水を得る。この漂流者は「生きていくための戦い」に毎日忙しい。読者はいつしかこの漂流者の気分になっていて、苦しみやつかの間のヨロコビを精神的に共有しながら朝までずっと読み続けることになるだろう。

『荒海からの生還』（ドゥガル・ロバートソン著、河合伸訳、朝日新聞社）は長さ十三メートルの二本柱のスクーナーで幼い子を含む五人の英国人ファミリーが世界一周の航海にでる。アメリカ人の若者乗組員二人が同行している。彼らは突然のシャチの攻撃で転覆。ディンギーと救命イカダに逃れる。小さな子のいるファミリーの漂流は精神的にも厳しい。しかし彼らは運よく何匹もの大きな海亀を定期的に捕獲することができ、それを食べ、残れば干し肉にしたりして綿密な生存作戦と生活の規律をもつ。その甲斐あって偶然とおりかかった日本漁船に救出されるのだが、表紙写真はその日本の漁師が撮ったものが使われている。誰も死なず深刻ないさかいもなかったが、死とは常に紙一重だった。

『奇跡の生還』（ジョン・グレニーほか著、浪川宏訳、舵社）は絶対に転覆しないと言われているトリマラン（三胴船）が大波によって転覆してしまう。乗組員は三人。転覆したトリマランは沈没せずに転覆したまま漂流する。そのおかげで人間も食料もサカサになった船底に残されているので必要になると潜って貨物室にある食料をとりにいく。転覆した船底でネズミのようになんとか生きながら、この備蓄食料をいかに食いつないでいくか、という仲間同士のタタカイにあけくれるというやや情けない漂流記だが、それだけリアルで面白い。

「東京新聞」二〇一二年五月六日

頭がクラクラ脱出記

脱獄、脱出ものは事実であるだけにサスペンスと迫力に満ちていてまあたいてい読みだしたらやめられない。今回紹介する三冊はそのジャンルの決定版である。いちどきに三冊全部なんてあまりに「もったいない！」が、エーイ重要面白ジャンルだ。フトッパラでいこう。

『ラオスからの生還』（ディーター・デングラー著、りくたー香子訳、大日本絵画）はベトナム戦争時代、ラオスのジャングルに不時着したアメリカ軍パイロット（ドイツ人だった）がパテトラオ（共産ゲリラ）に捕らわれ、そこで悲惨な捕虜生活を強いられる。そのままでは衰弱死を覚悟した主人公は、仲間と反乱をおこしジャングルに逃げ込みメコン川を下る。このあたりの緊迫感たるや強烈だ。ヘビを生のまま食ったりの過酷すぎるサバイバルを経て生き残ったのは主人公一人だけだった。救出されたときは七十キロの体が四十キロになっていて、何種類かの寄生虫に侵されていた。

次の二冊はいずれもシベリアのラーゲリからの脱出記録である。『脱出記』（スラヴォミール・ラウイッツ著、海津正彦訳、ヴィレッジブックス）と『我が足を信じて』（ヨーゼフ・マルティン・バウアー著、平野純一訳、文芸社）。

前者はポーランド人というだけでシベリアの強制収容所に送られた七人がたいした装備もなしにシベリアを南下し、ヒマラヤを越えインドまで逃げる話。なにしろ前半は極寒の中である。ぼくはその地方で零下四十九度を実際に体験しているが、これは栄養失調に近い逃亡者が歩ける極限環境だろう。バイカル湖とヒマラヤで映画のようなドラマがあり、事実の凄《すご》さにクラクラする。

後者はシベリアの極東チュコト半島の極寒のラーゲリからモンゴル、アフガン、イランを抜けて故郷のミュンヘンまでたどりつくという、ユーラシア大陸横断スケールの逃亡劇だ。こちらは単独の脱出行で、いたるところで逃亡者のサバイバル技術と能力と意志が問われる。長い距離を移動していくから、いろんな人と嫌でも接触する。救う人、騙《だま》そうとする人、最大のサスペンスは国境越えである。モンゴロイドの遊牧民から貰《もら》った賢い犬が唯一の温かい友情物語をこしらえてくれる。

『ラオス〜』もこの『我が足〜』も映画化されている。本を読めば映画のタイトルがわかるのでぼくは二作品とも取り寄せて見た。本も映画も絶対に面白い怒濤《どとう》の三作ですぞ。

「東京新聞」二〇一三年二月三日

本で知り、そこへ行ってしまう旅

ぼくがなぜひっきりなしに旅をするようになったか、という動機は簡単なことだった。すべては本である。

小学生のときに学校の図書館でジュール・ヴェルヌの『十五少年漂流記』（創元SF文庫、角川文庫、講談社青い鳥文庫など）を読んで胸をおどらせた。それからヘイエルダールの『コンチキ号漂流記』（偕成社文庫）にもまいった。とりわけ『さまよえる湖』（中公文庫など）というスウェン・ヘディンの探検本を手にしたときは好奇心が全開した。まずは単純にその本の題名の不思議さに惹かれたのだ。湖がさまようなんて……という子供じみた興味だ。

読んでみるとタクラマカン砂漠にあるロプ・ノールが千六百年を周期に南北へ四百キロも移動している、という話だった。しかもその砂漠の湖は長径百キロほどもある大きなスケールなのだ。その様子を頭にうかべてくらくらした。

いつかそこへ行ってみたい、と思った。子供心の夢というやつだ。しかし中学ぐらいになるとその湖があるタクラマカン砂漠は中国にあり、日本と中国に国交はないという事実を知ることになる。たとえ国交があったとしてもきちんとした探検隊としてでないととてもそんなところには行けない、という厳しい現実問題にも直面した。

経緯ははぶくが、一九八八年にぼくはそこへ行ってしまった。「日中共同楼蘭《ろうらん》探検隊」の一員としてだった。ぼくは作家としての立場だった。まだ四十代のはじめの頃で一番パワフルだったから、中国隊の隊長と最後は楼蘭一番乗りの競争となり、ぼくが競り勝った。まあこんなところで勝負してもしょうがないのだが、大谷探検隊以来、外国の探検隊がはいるのは七十五年ぶりだったからその勝負に日本人としての血が燃えた。そこへの到達はぼくが小学校の頃に「行きたい！」という無邪気な夢をいだいてから三十数年がかりの旅の達成でもあった。

思えばその旅の前後から、本で知った先人の壮大な探検や旅の足跡を追っていく、というスタイルの旅が多くなっていった。

ロプ・ノールに行く四年前には『おろしや国酔夢譚』（井上靖著）に書かれた江戸時代の漂流民、大黒屋《だいこくや》光太夫《こうだゆう》の十年にわたるシベリア流浪の過酷な旅をテレビドキュメンタリーとして追っていった。零下五十度にもなるシベリアを中心に都合三カ月がかりの旅だったが、すべての足跡をたどったあとの人間的なカタルシスは大きかった。極限とか辺境というものに圧倒的な興味をもったのもこの頃からであった。

マゼランやチャールズ・ダーウィンのたどった道を追ったこともあった。マゼラン海峡を南極にむかってすすんでいくのは普通の船では無理であり、チリ海軍の小さな軍艦に乗っていった。軍事目的の航海についでに乗せてもらうのだから、どこまでいくのか知らされていない。結果的に南極とケープホーンのあいだにあるディオゴ・ラ・ミレスという岩山の橋頭堡《きょうとうほ》として機銃とともに駐屯している三人の兵士の交代要員を乗せていくのが目的なのだった。けれどその旅のおかげで、ダーウィンやマゼランが見た風景の片鱗《へんりん》を知った。

こういう探検家の足跡を追う旅は魅力的だが、ときとしてすさまじく過酷な体験をすることがある。

北半球で一番寒いオイミヤコン（マイナス五十九度だった）を体験したあと逆に暑い土地を求め『恐るべき空白』（アラン・ムーアヘッド著）の書いた、イギリスの探検家バークとウォリスのたどったクーパーズクリークへ行ったときはやはり炎熱と想像を絶する蝿にまいった。けれど、時代は隔《へだ》ったとしてもかれらの苦難の現場をみたぞ、という達成感は大きかった。

以降、ぼくの旅はこういうくみたての連続になる。

アマゾンに行ったのはヘンリー・W・ベイツの『アマゾン河の博物学者』の詳細なアマゾンの動植物の描写に惹かれて見にいかねばならないと奥アマゾンまで入った。すぐに続いて『ラ・プラタの博物学者』（ウイリアム・ハドスン著）の足跡を追いたくなってそこにいく。どうも困ったものだ。

チベットのカイラスまで行ったのは、それを読むといままで封印していた河口慧海の『チベット旅行記』の膨大な全巻を身をいれて読めるだろう、という意識だったから、これは「本―旅」ではなく「旅―本」の逆のスタイルになる。

北極へは二〇〇四年にアラスカ、カナダ、ロシアとたて続けに行って、それまでいろんな北極関係の本で刺激を受けまくってウズウズしていた気持ちを一気に解消した気分だった。

ヘディンの本と同じ頃にのめりこんで読んでいたのは『十五少年漂流記』だった。まだ小説とノンフィクションの区別ができない頃だったから、『さまよえる湖』のようにこれも本当の話なのだろうと思っていたのだ。けれどしだいにこっちのほうは作り話であるらしいとわかってきた。そしてこのあたりで世の中には小説家という職業があるのだ、ということを知ったのだった。

ＳＦ作家であるヴェルヌの他の本を読んでいくと、もっと突飛《とっぴ》で痛快でスケールの大きな小説の世界があって、小説ならば思うところをなんでも表現できる、ということを知った。その影響もあってか、やがてぼくもＳＦを書くようになり、ヴェルヌを研究するようになった。

ヴェルヌの凄《すご》いところはフィクションであっても徹底的に事実のベースを調べてそれをモデルにして正確に書いていく、という姿勢だった。

で、『十五少年漂流記』である。ヴェルヌの作品に同じように傾倒していた田辺眞人という大学教授の論文を読んで、これまでヴェルヌ研究家などによって十五少年が漂着した島のモデルと確定されているマゼラン海峡のハノーバー島は実は違うのではないか、という疑問をもった。まあ小説であるからモデルの島が違っていてもそうそうメクジラをたてることはないのだが……。

マゼラン海峡のそのモデルになった島へ実際に行ってみることにした。そしてそこでこの島は絶対にモデルになり得ないという確証を持った。そこは絶海の孤島ではなく小説の表現世界とも随分風景が違っていたのだ。

実際のモデルは、先の教授が推定したニュージーランド・クライストチャーチの東方八六〇キロにあるチャタム島のようであり、そこに行ったら小説に書いてある地形や条件を全部満たしていたのだった。モデルの島を違えたわけを、ぼくは雑誌『考える人』で追求し『十五少年漂流記の旅』という本を書いた。そのイキオイで翻訳家のわが娘の協力を得て原文であるフランス語からの全訳『十五少年漂流記』を二〇一五年に新潮社から出版した。

ともあれ『さまよえる湖』とあわせて子供の頃の夢の舞台の両方を見たぞ、充分その中にのめりこんだぞ！　という達成感を得た。

『Ｊ－ＢＳｔｙｌｅ』二〇〇五年に加筆

自然の中にある死を訪ねる

私の両親の菩提寺は千葉で、妻がたは静岡にある。いま私たちが住んでいるところは都心だから双方たいした距離ではないのだが、なかなか墓参りに行けないのがいつも気になっている。

日本の墓はそれでも寺のほうがちゃんと管理していてくれるので、外国に多い墓だけの墓地とはちがって、人や自然現象で荒らされるということはないから、この国の「墓事情」は優れているなあ、と思う。

親が日々の多忙を理由に墓参りをさぼっているのに対して、すすんで墓参りをしたがるのは私の二人の子供たちだ。

これにははっきりした共通の理由があって、二人とも長いこと外国に住んでいるからだと思う。

たまに日本にかえってきて、懐かしい自分の育った家の気配に触れ、幼かった頃の記憶が奔流のようになってかけめぐり、故国に滞在中に「おじいちゃんやおばあちゃんに挨拶を」と強く思うのだろう、と私は勝手に解釈している。

でもそれがきっかけになって私たち夫婦も、日頃の非礼を詫びての墓参りに行けることになるのだから、彼らの反応は有り難い。そこでなんとか都合をつけてみんなで墓参りにいく。

どちらの墓にしても最短でも半日がかりということになるけれど、行けば行っただけのことがあり、まあつまりは「罪ほろぼし」の気持になれるし、子供たちや妻とも、ちょっと日常から離れた、それなりに静粛な気持になれるから子供たちの墓参り要請の「効用」はそれなりに大きい。

私の父は、私が小学校六年のときに亡くなり、妻の父は、妻がゼロ歳のときに中国のハルピンで亡くなっている戦争被害者である。

残された母のほうはともにその後長く生きたから、どちらの墓参りでも記憶に濃厚なのは双方の母である。

だから墓にむかって手をあわせるとき、父よりも母の面影がどうしても大きく脳裏を走る。小学校六年の子供の頃の父の記憶は私にとってそれほど豊富ではなく、まして妻がたの父親は、妻すらも具体的な記憶がない、というあやうくはかない存在なのだ。

私の父や母は亡くなったのが偶然同じ一月だった。納骨のとき長兄が、「これで母もこの墓に入り、ようやく四十五年ぶりに父のもとにならぶことになりました。やっとおちついて安住できる、と喜んでいることでしょう」と訥弁ながら心からの言葉で語っているのを聞いて、わたしは思いがけず涙を流してしまった。五十年ちかい年代を経ても、骨として夫婦が同じ場所に一緒になれるのが日本の墓なのだ、ということを初めて具体的に認識し、そのことの大きさを理解したときであった。

以来、私はそれまであまり意識しなかった世界の墓について考えることとなった。私はかなり様々な国を旅しているが、これまでことさら墓の様式や埋葬の違いなどについて興味をもつことはなかったのだが、過去の旅を思い出し、どんな埋葬や墓を見てきたのか考えたりするようになった。

砂漠のまんなかに二千年間栄え、砂に覆われて滅びた「楼蘭」への探検は古代人の墓を訪ねる私の初めての旅でもあった。目指すは、タクラマカン砂漠の砂のなかに滅びたかつての王国「楼蘭」の象徴的存在でもある巨大な「ストゥーパ」が強烈に目にやきついている。

ストゥーパとは「仏塔」である。土と葺で塗り固められた塔は二十メートル近くもあり、いまはいたるところ二千年あまりにもわたる風に削られ、風化しているが、まだ原型の芯のようなものはとどめている。

その「ストゥーパ」がやがて転じて「卒塔婆」になった、ということを、その探検のおりに古い本で私は知った。

そこには古い墓があり、有名な「楼蘭の美女」が掘りだされた。若くして亡くなった王族の美しい面影が忍ばれるミイラである。

私たち探検隊がそこに入ったときもいくつかの庶民の墓を発見した。それらはみんな小さな舟の形をした柩の中に安置されていた。

このあたりの葬送は、木舟に乗って水域に流される、というのが一般的であったらしい。その水域とは消えた湖「ロプ・ノール」であったのだろうか。

墓はその国や風土によってさまざまな形態をとる。葬送の考え方か、方法の違いによって墓のない国も結構たくさんある、ということもわかってきた。

例えばチベットである。有名な鳥葬の場をカイラス巡礼のおりにいくつか見てきた。巡礼の行く山道（高度四千五百メートル前後となる）の途中に鳥葬の場がある。当然墓はなく、そういう葬儀の文化について考えながら旅を続けることになる。

モンゴルは風葬である。耳ざわりのいい言葉だが、実態は「野ざらし」だったりする。

インドは水葬。ヒンドゥ教の巡礼地バラナシあたりにいくと、上流から流されてくる白布にくるまれた沢山の遺体を見る。インドシナ半島のラオスやタイ、カンボジア奥地などは「山葬」というのだろうか。ジャングルの中にヤグラをたててその上に遺体を安置し、あとは自然にまかせる。欧米の国々では広大な墓地公園のようなところに埋葬されるケースが多いようだ。

世界の墓地と文化を思うときに日本のそれは外国の人々にどう映るのかときおり考えることがある。

『こころの園』二〇〇九年

おそろしい氷海
――『凍える海』（ヴァレリアン・アルバーノフ著、海津正彦訳、ヴィレッジブックス）

文庫の解説が難しいのは、本文を読む前にこれを読まれてしまうか、ちゃんと本文を読んできて、そうしてこれを読むか、でずいぶん役割が違うことですね。

ここでは、読者がちゃんと正しく本文を読んでいる状態として書くことにする。

まず「面白かった」！

でしょう。

こういう〝逸品〟といってもいいような話を、解説を書くために本になるだいぶ前に読めるしあわせをつくづく感じながら一気に堪能してしまった。

本書を読みはじめてすぐに頭に浮かんだのはアーネスト・ヘンリー・シャクルトンが隊長の「エンデュアランス号」の顚末だった。

南極探検のための船が氷塊群に包囲され、船を捨てて脱出する実話だった。事実は常に小説などよりも重く辛く厳しく痛快で、そして感動的であるが、本書は、その北極版というふうにとらえてもいいだろう。

シャクルトンの探検が一九一四〜一七年であり、本書、聖アンナ号による北極探検が一九一二年であるから年代はほぼ同じ、遭難の状態もシャクルトン探検隊にからむ記録と比べるとよく似ている。どちらも気帆船で、砕氷能力のない船であった。ちなみに一九一二年は日本の明治四五年。大正と入れ代わるときでもあり、一九一四年に第一次世界大戦が勃発している。本書でも最後の頃に漂流者が世界の激変を知って驚く場面がある。

シャクルトン隊と約半世紀の時代の隔たりがあるから、脱出していく人々の装備はだいぶ違っている。同じ極地といっても南極と北極という文字通りの対極という差や、イギリスの探検隊と（本書の）ロシアの探検隊の質や国家背景の差も大きいだろう。共通しているのは、ただひたすら氷と極寒、そして、それに挑む闘魂と勇気である。

さらに「生きていく」

という強い意志である。

本書の脱出行の大きな問題は、どこまでいっても海に浮かぶ氷の上にいる、ということだった。彼らはひたすら南にむかっていくのだが、彼らが必死に進んでいくところは常に海流や風によって北極海を漂っている巨大な氷盤の上である。随所に六分儀による現在の位置を計算する話が出てくるが、五キロ進んでも、氷盤が五キロ北に戻ってしまえば、彼らの必死の五キロの南進はゼロということである。ときには二十キロ以上も後退している場合もある。

しかし彼らはとにかく前進するしかない。それに加えて常に寒さと食糧確保の戦いがある。極寒での苦難の旅はチェリー・ガラードの『世界最悪の旅』が有名だが、彼らの苦難の移動は南極大陸という動かない場所であった。本書の、読んでいるだけでももどかしい、そして痛切に厳しい問題は常に「足もと」が移動していることであった。

ぼくはこれを読みながらもうひとつ『パパーニンの北極漂流日記』(イ・デ・パパーニン著、押手敬訳、東海大学出版会)の話を思いかえしていた。時代はナンセンがフラム号で漂流した一八九三年のすこしあとである。これはソ連時代の軍の通信兵士らが(わざわざ)氷盤の上に乗り、北極点から二十キロほど離れたあたりから二七四日間、二千五百キロほどを漂流した記録である。彼らは北極圏の気象観測という目的で(真意は軍事目的ではないかと思うのだが)この氷盤の上に飛行機で降りて、居住テントを設営し、風や流速、水深などを測りながら漂流していく。この氷盤の大きさは具体的に書かれてはいないのだが、とにかく飛行機が着陸できるくらいの巨大さなのだ。しかし南下していくにつれて漂流速度はどんどん速くなり、一日に二十キロぐらい移動していく。それにともない氷盤の上は急速に融けていって、しまいには見た感じ湖のようになってしまう。そしてさらに融けていって氷盤はどんどん割れていくのである。

もうひとつ『浮かぶ氷島T—3』(ロダール著、加納一郎訳、筑摩書房・現代世界ノンフィクション全集3）という、同じように北極海を巨大な氷盤の上に乗って漂流する話がある。これは一九四〇年代のアメリカ軍による戦略的な仕事で、米ソ冷戦時代を背景にしている。北極海には巨大な氷盤がいくつも迷走していて、このT—3の前にはT—1、T—2という巨大氷盤が標的候補としてあった。この1も2もグァム島より大きいというからびっくりする。アメリカ軍がT—3に着陸する飛行機も車輪のかわりにスキーをつけた爆撃機だった。そして北極海を流され移動しながら、この移動する氷の島がアメリカから発進した戦闘機の燃料補給基地に使えないかという調査や検討などをしていくのである。この巨大なT—3でもあるときいきなり亀裂ができて大パニックに陥る場面がある。規模は小さいが本書にも終盤、そういう出来事がある。もしやまだ本文を読んでいない人がこれを読んでしまっていることを考えてあまりくわしくは書かないが、これほど心細い状況はないのである。

というのはぼく自身、北極海でそれに近いような体験をしたからだ。二〇〇五年にカナダの北極圏にイッカククジラを狩猟するイヌイットと一緒に北極海に出ていったことがある。氷塊にトラック程度の大きさの小船で入っていったのだ。六月で北極海の氷が融けかかっているときであったが、本書を読めばわかるように北極海の流氷というのはまるで意思があるのではないかと思うほど周到に意地が悪く、我々もしばしば氷塊に囲まれ、小船は立ち往生した。

氷の海で氷塊に囲まれるほど心細いことはない。だから一年も二年も氷に囲まれて動きのとれなくなってしまった人々の気持ちの片鱗はわかる。しかも北極海というのは天候の変化が恐ろしく激しい。ぼくのその旅でも、わずか五分くらいでミルクのような濃密な霧に閉ざされる体験をした。そうして船は動きがとれなくなり、氷の上でキャンプ、という状態になった。小さな船だったのでそこに乗っている十人ほどの人々が寝るにはスペースがなく、本書に出てくるような氷盤の上にテントを張るしかない、という状態になった。我々のいたエクスプリ海峡には氷盤のほかに小型の氷山もあった。小型といっても海面から出ている部分だけで五、六階建てのビルぐらいあるものだった。

キャンプするならそういういかにも頑丈そうな氷山のほうがいいのではないかと思ったのだが、そのときイヌイットが言ったことが驚愕だった。巨大な氷山はいきなり回転することがあるから危険だ、というのである。なるほど氷山というのはよく言われるようにその一角しか海面の上に出ていない。

まったくスケールの小さな例になるが、ウイスキーの水割りのグラスの中の氷のカケラが回転するのを考えるとその理屈はわかる。ゆえにキャンプをするなら氷の厚さは薄いけれど回転しない氷盤の上のほうが安全なのだ。けれどイヌイットはさらに言った。

氷盤の上のキャンプで危険なのは「きまぐれ」な氷盤はときおり割れてしまう、というのである。なんだか究極の選択に近い話だった。割れて一人きりになってどこかあてもなく流されているのではたまらない。

まあこのときは「きまぐれ」な霧が間もなく晴れて、船の通れる水路が開け、なんとか脱出できたが、そのときの心細さを思うと、本書のいたるところの苦難とその心理がかなりリアルに理解できるのである。

本書の脱出行には常に食料確保の問題があった。アザラシやシロクマが標的になる。アザラシはぼくもアラスカのイヌイットを取材したときにアザラシの生肉をあちこちで食べた。慣れるとこれはなかなかおいしい。なによりもストレートなたんぱく質の栄養源だ。アザラシが捕れないと本書の漂流者たちの生還はあり得なかったろう。そして彼らが一番期待し、捕獲の喜びが大きいのはシロクマであった。読んでいてシロクマが捕れるとこちらも嬉しくなるほど喜びに満ちた様子がつたわってくる。

本書で意外に思ったのはシロクマがえらく臆病なことである。これは現代のアラスカの狩人が言っていることとは随分違う。彼らは我々が想像する以上にシロクマを恐れていて、例えばアラスカの最北端ポイント・パローの人々などは常にこのシロクマとの遭遇を警戒していた。これは同じ北極海といっても本書のような人間のまるで存在しないところと、いろいろ食物の誘惑的な匂いなどがしてくる村の近くの状況との違いが大きいのかもしれない。

それにしても残念なのは作者は書いていた日記の大半を失ってしまったことで、ここに書いてある以外の殆どを忘れてしまったということだ。生きるか死ぬかの極限を常に行くのだから、最終的には日記よりも命のほうが大切な状況になっているのはよくわかる。それだから厳しすぎる旅は、ようやく目的のアレキサンドラ・ランドを発見したところもえらく淡白な表現ですませている。

上陸して得た沢山の鳥の卵の獲得やフローラ岬の小屋の中の食物発見など、もうこのあたりになると漂流者と一緒に読者も一喜一憂していたことであろう。

それにしてもこの大脱出行で生還したのはたった二人だけであった。気になるのは島で分かれたスキー隊の消息と、氷海に閉ざされたままの聖アンナ号の人々がその後どうなったか、ということだが、ぼくが手に入れた訳本にはそれらのことは記されていなかった。静かながら悲しい結末を迎えてしまったのだろうか。

二〇〇八年五月

痛快！　十六中年漂流記——『無人島に生きる十六人』（須川邦彦著、新潮文庫）

なぜか島が好きでずいぶんあちこちの島旅をしてきた。国内だけでなく外国の島も行った。どうして島がそんなにいいんですか、とよく人に聞かれる。そのたびにまあいろんなことをもっともらしく話しているのだが、実のところ自分でもどうして島が好きなのかな、という本当のところの理由はわからないのである。ただし、島に行く旅のときは必ず気持ちがざわざわする。今度行く島はどんな風景でどんな人々がいてどんな風が吹いているだろうか、という単純な興味がまずひとつ。それから、島には不思議なナニモノカが存在している——という自分だけが勝手に確信している何かがあって、それを確かめるのも密やかな楽しみになっている。

日本には六八五二の島があり、そのうち四二一が有人島である。小さな島国のそのまわりに散らばる小さな島々で、その多くに電気があり、テレビや電話が完璧につながっている情報過密の島ばかりだが、それでも海を渡っていくというだけで島にはその島にしかない独特のナニモノカがそこにとらまえられていて、訪れた人に何かを語りかけてくれるのだ。それをキチンと簡単に言えば「島独自の文化」というたいして面白みもない言葉になってしまうのかもしれないが、もっと別の言い方をすれば、四辺を海によって閉ざされた孤立したものたちの息吹やざわめきといったものであるのかもしれないのだ。

これまでたくさんの島々に泊まったが、その中には無人島もいくつかある。無人島というと人々はたいてい無邪気に、いいですねえなどと言うが、それほどいいことはない。人がいないのだから食物はないし、往々にして水もないし、第一退屈である。

無人島にもいくつかの種類がある。昔からずっと誰も住んでいない生粋の無人島。昔、人が住んでいたがあまりにも不便なので住んでいる人が離島した、かつて有人、今無人というタイプのもの。この両者を比べると、後者の無人島の夜というものがなんだか常に一番あやしい。そういう無人島に泊まってひとりで夜中に目が覚め、テントから出てそこらを歩くと、絶対にそこにいるらしいナニモノカが必ず何かを囁きかけてくるのである。まあしかしそれが怖面白くて、それらの島々に行く旅を続けているのかもしれないのだが……。

無人島に漂着した人間の話はたくさんの物語になっている。一番有名なのは、ダニエル・デフォーのロビンソン・クルーソーの物語だろう。ロビンソン・クルーソーほど世界中の子どもたちが胸躍らせて読んだ冒険物語はないだろう。その後、たくさんのロビンソン・クルーソー漂流記の変形譚が書かれてきた。「スイスのロビンソン」「熟練水夫レディ」「火口島」「珊瑚島」「神秘の島」「太平洋の孤独」「蠅の王」「金曜日、あるいは太平洋の冥界」など、世界中でそれぞれのロビンソンが書かれてきたといっていいだろう。その次に世界中の子どもたちが読んだのが、ジュール・ヴェルヌの『十五少年漂流記』（原題『二年間の休暇』）であろう。

ロビンソン・クルーソーはよく知られているようにスコットランド人の船乗り、アレクサンダー・セルカークが一七〇四年から一七〇九年にかけて太平洋のフォン・ヘルナンデス島に置き去りにされ、救出されるまでの実体験をモデルにして書かれたものだ。十五少年のほうはSF作家、ヴェルヌの完全な創作であるから、これは世界中のどこの誰が読んでも胸躍らせ心沸き立たせて面白く読めるように話が作られている。

ぼくの単純な島好きは、子どもの頃読んだこの二つの漂流記に圧倒的に魅せられ、つまりはそれが呪縛となって、今の島旅好きにつながっているというのは間違いないのである。

けれどさっきも書いたように本当に無人島でキャンプなどしていると、最初のうちはそれなりの絶海の孤島の魅惑や、寂寥感、あるいはそういうところでしか味わえないようなサバイバル生活の真似事などを面白がっていられるが、現代の文明生活に慣れてしまったものにとっては、そういう場所にいられる時間の限度がある。無人島というのは、迎えの船が来るという保証がある限り、とにかく安穏として退屈なものなのである。それが日本のような温暖地帯から離れて、地球の緯度や経度の上でもっと厳しい場所に行ったりすると、そこには物理的に耐えきれないような気候風土の過酷さや、隔離や幽閉といった文明社会から途絶された絶望感も加わって、精神が耐えられるかどうかのぎりぎりの状態に追い込まれるようになる。

かつてぼくは南極とホーン岬の間の吠える海、ドレイク海峡にかろうじて飛び出している、島とはいえないような岩峰、ディオゴ・ラ・ミレスや、アリューシャン列島の烈風吹き巻いている孤島アムチトカ島などに行ったことがある。どちらもそこに人が住んでいたのだ。アリューシャン列島のアムチトカ島は、日本人の漂着民が四年間も住んでいたところであるが、実際に自分もそこで数日間暮らしてみて、人間の耐久力や限界といったものは自分自身の中にあるものだということを実感した。本物の漂流記は、絶望と死とその隙間《すきま》からほんの少し顔を覗かせている精神的な希望の光を、なんとかたぐりよせていこうとする慟哭と葛藤の連続していく世界なのだろう。

本書『無人島に生きる十六人』を最初に見たのは、世界中の無人島の漂流記譚を集めているときだった。それらを紹介する古い文献をたどっていき、講談社が昭和初期にこのような本を発行したという記述を読み、知り合いの講談社の社員に問い合わせ、たった一冊残っていたその本のコピーをもらったことに端を発する。

話の内容は本書を読んでの通りでまことに痛快、まさに『十五少年漂流記』の向こうをはって堂々たる日本版「十六人おじさん漂流記」の面白さであった。

一気に読んでしまったが、あまりにもコトの運びがスリリングかつダイナミック、そして勇敢であり挑戦的であり、耐久耐乏力も存分に持ち、協調性に満ちてしかも最後まで志を失わず、博愛にあふれ、数々の創意工夫の中から発明の粋を凝らす、という無人島漂流記としてはパーフェクトに近い話である。これらの一連の話の展開ができすぎているので、もしやこれはフィクションではないのかと思った。

原本は、実際にこの漂流を体験した当事者から著者が直接話を聞くという構成になっており、これはある意味ではロビンソン・クルーソーのデフォーとセルカークの関係をも彷彿《ほうふつ》とする。したがって本当の体験談からは多少のデフォルメや誇張、あるいは修正などが施されているのかもしれないが、全体をあらためて見る限りどうもやはり全くのフィクションではないようだと思わざるをえなかった。

この本のことを、ちょうどその頃ぼくの旅についてのムックを編集していた新潮社の編集チームのひとりに話したところ、彼はそのことにいたく興味を募らせ、その周辺の情報をさらに集め始めた。そこで行き当たったのが『竜睡丸漂流記：探検実話』（大道寺謙吉著）という明治三十六年、共昌社から発行された一冊の本であった。共昌社は三重県の津市にある出版社で、巻頭に当時の三重県知事古荘嘉門《ふるしょうかもん》氏の題字や、商船学校教授松本安蔵氏の序文などが書かれている。

編集者はさらに当時の新聞などを照合し、著者の遺族の軌跡を昭和三十年代くらいまではつきとめたが、今はその段階で止まっているようだ。いずれにしてもこの冒険譚がまさしく実話そのものが綴られたものであるということは間違いないようだ。そのことからこのように新潮文庫で復刻される運びになった。

かつて海洋大国日本といわれていたが、今はそのような言い方がなされることはめったになくなってしまった。

海に囲まれ、海に恵まれた国なのに、海の向こうを眺めて海外雄飛を思う少年なども実際にはほとんどいない時代なのだろう。そんな時代に、明治のこの海の男たち、海洋練習船の青年たちの躍動にみちた漂流譚が復刻されることはすばらしいことだと思う。

ぼくの個人的な感想を言えば、ストーリーテラーとしてのジュール・ヴェルヌがこれでもかこれでもかと面白話を積み重ねた『十五少年漂流記』よりも、本書のほうが、話の展開として、そして実際に誰一人死なず、きっぱりと故国に生還している事実の経過という点でも、ずっと上をいく痛快譚ではないかと思っている。

話はまったく変わるけれど、この本を見つける数年前、一九七〇年刊行の文藝春秋の『現代の冒険』シリーズ第五巻に収録されていたアーネスト・シャクルトンの『エンデュアランス号漂流』（抄訳）を引っぱり出し、当時植村直己さんの数々の冒険行のサポート役などをしていた文藝春秋の編集者、設楽敦生さんとその話をし、ぜひそれの全訳を文藝春秋から復刻させようとふたりで固く手を握り合って約束したことがあった。けれどその翌年、設楽さんは突然病に倒れ急逝された。ぼくと設楽さんの固い握手とその約束は空中分解した形になった。

そのわずか数年後、いきなり新潮社からアルフレッド・ランシングの『エンデュアランス号漂流』（全訳）が刊行され、おお、と思って喜んで読んでいたが、その後『南へ エンデュアランス号漂流』『エンデュアランス号——シャクルトン南極探検の全記録』等々立て続けに何冊も関係本が出て、まあわが数年前の夢の思いは、ある種の慧眼《けいがん》だったのだよなあ、とひとり寂しく個人的に頷《うなず》いていたものである。

そんなこともあったので、今度本書の刊行が無事実現できたことがうれしくてならない。どうぞ読者の皆さん、この本の中で活躍する闘志と耐久力に満ちた明治の海の男たちの喜びと悲しみ痛快冒険譚にたくさんの拍手を——。

二〇〇三年七月

日本人であることを誇れる航海記
――『まぐろ土佐船』（斎藤健次著、小学館文庫）

もともと航海記が好きで、これまで内外のさまざまな航海記を読んできた。十七、八世紀の大航海時代の巨大帆船の、大がかりな探検航海記から、小さなヨットによる一人あるいは複数による航海記、さらには思わぬアクシデントによって漂流の憂き目にあい、命懸けで生還した人々の話。海を巡る船の旅を読むのは、ぼくの読書歴のある種の根幹を成していた。今でも年に数冊出る新しい航海記は欠かさず読むことにしている。

それらの船旅の記録で、世界中最も煩雑に動き回っているであろう世界の数々の漁船の航海記が案外少ないことに以前から気がついていた。これは海に出て操業し、帰ってくるまでの期間が航海記とはいえないほどの短さであったり、あるいは陸の凡人から見るとかなり胸の躍る珍しく激しい海の物語を体験しているにもかかわらず、それを行っている漁師が、毎日のことであるから何ということとも思わず記録に残すこともない、ということが世界的にあるのかもしれない。南氷洋などに捕鯨に出かける船の同乗記録などはいくつかあったが、大がかりな捕鯨はもう過去のものであり、それらは古典になってしまった。

本書の最大のおもしろさは、おそらく日本人が今一番興味を持っている魚のナンバーワンであろうマグロを捕る現役のまぐろ船に、文章を書くプロがコックとして乗りこみ、一七七〇日にも及ぶすさまじいマグロ漁の現場を体ごと体験し、それを何の気負いも感傷も抱かず淡々と見たまま思ったままを書き続けたというところにあったように思う。とにかく読み始めると、文字通り息もつかさず一気に最後まで読んでしまうという、迫力と感慨に満ちた傑作である。

乗組員二十人がわずか二九九トンの船に乗って航海に出る。いろいろ個性豊かな乗組員とのつきあい、仲間同士の角逐《かくちく》、大漁や不漁の折の喜びや落胆、慌ただしい食事と、戦場と化すマグロ漁、巨大な海における現代の戦闘艦の進撃を見るようだ。怪我をしたら極端に言えば、それでその人の操業戦力は消滅し、無駄な人間になってしまう。一瞬も油断のならない緊張した船の上のマグロとの格闘ぶりが、これほど激しくストレートに伝わってくる記録は滅多にないのではないだろうか。

ずっと以前、ぼくはフォークランド諸島のある島でドキュメンタリーの仕事をしていた。日本人は我々のチームだけであったが、あるとき向こうからどう見ても日本人らしい男が歩いてくる。顔を見て日本人とすぐわかる。声をかけると嬉しそうに先方も話しかけてきた。しかし言っている日本語が半分位しかわからない。聞けば、青森県の弘前からこの南氷洋にやってきたイカ漁の漁船の船員であった。操業中に指を怪我し、その人だけが降ろされたという。難しい方言からやっとわかったのは、「今ここはどこだ」ということであった。彼はどこで降ろされたかも実は知らなかったのである。「いつ帰れるのですか」と聞いたら、やはり訛《なま》りの濃い言葉で「わからない。迎えが来たらだ」と力ない声で言った。その島には大きな病院はなく、折れた指を治療することはできないようだった。なんとまあ、日本の遠洋漁業というのは厳しいものであろうか、ということを目の当たりにしたものである。

この『まぐろ土佐船』を読んでいると、これまでいくつか誤解していたことがあるのがわかった。日本から船出したマグロ船が、一番高級とされるミナミマグロを船倉一杯とれば、大漁旗を立てて勇躍日本に帰ってくるものだとばかり思っていたのだが、ケープタウンにマグロ漁の母船のようなものがあり、そこに行って満杯に収穫したマグロをその母船に積み込む。マグロ船は身を軽くして、また新たな戦場に向かっていくのである。同じことを何度も繰り返すので、日本を出てから一年、二年経っても帰れない、というのが日本のマグロ船の現状なのであった。そんな長期にわたって二九九トンという小さな船に二十人という男たちが一緒に暮らしている状況というのはどんなものであろうか、想像もつかない。

あるとき海の取材で清水港に行ったとき、この『まぐろ土佐船』とほぼ同じトン数の漁船を見かけた。思ったよりも小さな船であった。ああそうか、このくらいの船に二十人の、恐らくは気の荒い土佐の漁師たちが乗り組み、長期の航海をしていたのか、とひとつの具体的な感触を得たのである。

閉ざされた船の中での楽しみは食事であるが、彼らの昼食は必ずマグロの刺し身がおかずと決まっている、と書かれている。八つに分けたミナミマグロのひとつのブロックで二十人分の刺し身を作る。ふだんは比較的安いバチやキハダが多いようだが、ときどきミナミマグロのキズ物がおかずになる。とりたてよりも一日凍らせたマグロのほうがうまいそうだ。船乗りたちは醤油にマヨネーズを混ぜてマグロを食べる。著者は折角のミナミマグロなのだからワサビ醤油で食べることにこだわっているが、やがて何かの折にマヨネーズ醤油で食べたらその旨さにすっかり参って、それ以来漁師たちと同じようにマヨネーズ醤油で食べるようになった、という話は、陸で読んでいる私たちにはやっぱり想像がつかない。けれど充分に羨望に満ちた風景として楽しめるのである。

時折巨大なカメやマンボウなどがあがってくる。一番大きいマンボウは四畳半ほどの大きさだったというが、ベテランの船乗りたちに聞くと十畳敷ぐらいのマンボウもいるのだという。

まぐろ土佐船は取獲をめぐってよそのマグロ漁船と常に戦っている。いい漁場を求めて、いかに早くいいマグロをしとめるかということに乗組員一同が心を一にするときの描写や気配が読む者の感動を呼ぶ。

本書はすぐれたドキュメンタリーの王道を行っている。人々を感動させるノンフィクションリポートはこのように体を張って自身も同じような苦労を味わいながら戦っていかなければ生まれないのだということを最もストレートに表してくれた、日本の誇る航海記ノンフィクションリポートの貴重な金字塔である。

二〇〇三年十月

明治二十六年　凄絶な琉球紀行日記

――『南嶋探験―琉球漫遊記』（全二巻）（笹森儀助著、東洋文庫）

明治二十六年、青森県弘前の士族、笹森儀《ささもりぎ》助《すけ》は単身、琉球列島にむかう。巻頭「緒言」にこう書いている。

「世人東洋政略ヲ言ヘバ、必ラス『シベリヤ』鉄道ヲ唱ヘ、南洋拓殖ヲ論スル者ハ、徒《いたず》ラニ外国属嶋ニ移民ヲ講ズルノミ。所謂燈台下暗シ。我ガ南嶋ニ拾万ノ移民地アルヲ顧ミズ」

いろんな外国にわざわざ何十日もかけていかなくても、この国には琉球という未知の美しい諸島がある。自分は単身そこに行って移民の可能性を調べてくるぞ。と言っているのだ。

五月十日に家族や友人に「悲歓交《こもごも》」別れをつげ弘前から青森へ。

「毒蛇ノ螫喫《せききつ》也、瘴癘《しょうれい》毒ノ感染也。此二毒ヲ蒙ルトキハ其生ヲ全フスル者寡《すくな》シ。余ハ已《すで》ニ決死ノ上途ナレハ外貌強《しい》テ壮快ヲ装フモ内実生別死別を兼ネ血涙臆《むね》ヲ沾《うるお》ス」

翌十一日には青森の親族と別れをつげ汽車にて十二日東京着。官庁など訪ねいろいろ調査して五月二十四日に新橋を発《た》ち二十五日に神戸着。二十七日に陸奥丸で航路鹿児島に。二十九日鹿児島着。三十日に同じ陸奥丸でさらに南下。

六月一日にやっと那覇に着いた。東京の準備滞在を含めて弘前を出て三週間だ。

「上陸ノ際波止場ノ近傍数百ノ婦女群集スルアリ。老弱ヲ問ハス先キヲ争ヒテ前後ヲ擁行シ、或ハ一箇ノ罎《びん》ヲ手ニ持アリ、一ノ小風呂敷包ヲ頭ニ戴クアリ、殊状異態喧囂《けんごう》名状スヘカラス。言葉通セズ」

「言語通セズ」という記述を見て俄然《がぜん》この長大な日記に以下のめり込んだ。明治の頃、青森の人と琉球の人の言葉がまったく通じないというのは思えば当然だったろう。

儀助は精力的に石垣島、宮古島、与論島、沖永良部島、徳之島、西表島と重要な島々を回っていく。全二巻の大変詳細にわたるこの南嶋見聞記は、当時の異国探訪そのものといっていい。

西表島の探訪が凄絶《せいぜつ》である。現在でもこの島は八重山列島ではもっとも過疎であり、ジャングルはいまだ懐深く、離村等人口減によって消えてしまった集落も多い。

七月十五日、儀助は石垣島から伝馬船で西表島に渡っている。現在石垣島から西表島までスピードの速いロケットのような船が四十分ほどで島をむすんでいるがけっこう波が荒く、伝馬船での渡航は相当に荒っぽい船旅となっただろう。

現在もその名で残っている租納《そない》の番所に投宿しているが、

「携帯ノ米ヲ出シテ飯ヲ炊《かしが》シメ、鶏卵ヲ買フテ飯椀ニ入レ、之レニ携フ所ノ醤油を滴《したた》シ夜食トス。香ノ物ナク、亦《また》味噌モナシ。況《いわ》ンヤ、羹汁《こうじゅう》ヲヤ。真ニ貧旅行ナリ」

と嘆いている。

その頃の西表島の人々は風土病（マラリア）に苦しめられており、当時一番栄えていた古見《こみ》村というところは宝暦三年に人口七六七人だったが儀助がおとずれた当時で一四二人に減少している。であるにもかかわらず医者は一人もいない。尋ねる村の人々が殆《ほとん》ど病の床に臥《ふ》せっている、という記述もある。南風見《はえみ》村は島の南端にある村で、樹木が多く、海岸も広く、泉からの飲料も得られる条件のいい場所だが、ここも風土病によって殆ど人はいなくなっているのを知る。

南風見は現在リーフの前に白い美しいビーチが広がり、陸側はアダンの茂みに覆われている。数年前小説の取材でここに行ったことがあるが、アダンの茂みの中に一昔前のヒッピーのような若いホームレスが多数住んでいて彼らと親しくなったことがある。

儀助は勇敢にも島の奥地、山の中にも入っていく。日本には秘境と呼ばれるところは少なくなり、現在ではせいぜいこの西表島のジャングルと北海道の知床半島ぐらいだろうとぼくは思っているが、明治の頃にこの奥地に入り込んでいった儀助の冒険精神は素晴らしい。

ただし、装備も携帯食料も貧弱だった時代であるからその探検行はひどい状態になっている。

七月二十三日
「一行皆数回ノ転蹎《てんち》ヲ免レサルヲ以テ、足ノ爪ヲ失フアリ。手ノ甲ヲ傷《そこな》フアリ。余モ膝頭ト手トニ負傷セリ。一荷ヲ卸シ、枯木ヲ拾ヒ、火ヲ焼《た》キ煖《だん》ヲ取リ、晩餐ノ計ヲナス」

　ところが荷をあけると釜は壊れていて使い物にならない。一同呆然《ぼうぜん》として力を失うが、儀助は言う。

「コメがあるんだからこれを水と一緒に飲んで胃の中におさめ、焚《た》き火に腹をさらせば胃の中でゴハンになる。猪肉も醤油もあるんだから心配はない」と。ただし儀助本人は歯を患《わずら》っていたので固いものは食べられず、コンデンスミルクだけでなんとかしのいだ、とある。しかしその場所はヤマ蛭《ひる》だらけで全身襲われ、寝ることもできなかったという。

　この南嶋探験の成果は林野を開墾して風土病を封じ込めれば開拓の可能性大という分析となり、その後の琉球開発の足取りはたしかにそのようになった。

『小説新潮』二〇〇八年四月号

けっしてできないあこがれの旅

いろんなところを旅したが、ぼくが最も憧れ、最も体験したかった旅は、結局一度も体験できていない、ということに最近気がついた。それは「航海記」である。

いちばん最初に触発されたのは、なんといっても『どくとるマンボウ航海記』（新潮文庫）で、これは北杜夫さんの筆の冴えがいちばん大きかった時期のものだろうけれど、影響力は大きかった。そして自分もいつかこのような船旅をしてみたいと思いつついまだ夢を果たせずにいる。

航海記が好きになりそのなかで最ものめりこんだのは『コン・ティキ号探検記』（水口志計夫訳、河出文庫）だった。以来、葦舟ラー号、ティグリス号といったトール・ヘイエルダールの実験航海記を興奮して何度も読み返したものだ。

あまり有名ではないが、『信じられない航海』（トリスタン・ジョーンズ著、宮本保夫訳、舵社）は地球で最も高い水位にある場所から最も低い水位までをひとつのヨットで旅をする話で、本当にこんなことをしたのかと思うくらい破天荒に痛快な冒険航海記だ。

『たった二人の大西洋』（ベン・カーリン著、田中融二訳、大日本雄弁会講談社）は米軍からの払い下げで手にいれた水陸両用ジープに夫婦ではない男女二人が乗って、ジープの後ろに燃料の入ったドラム缶をいくつもつなげて引きずりながら、大西洋を横断するというとんでもない話だった。嵐がきたらまず助からないだろうと確信できるようなきわめてはかない水陸両用ジープの写真を長いこと眺め続けていたものだ。

二人は航海中常にけんかをし、海の危機よりも人間関係の危機のほうが危なかったりするおまけもついて、最後はフランスに上陸し、凱旋門の前をそのヘンテコな舟ジープが走っていく写真が載っている。もうこれは絶版本だろうが、ぼくにとっては貴重な夢の一冊である。

航海記とはちょっと違うが漂流記もまたぼくの愛読書の一群で、徹底して集めて読んだから今ではさまざまな漂流記が五十冊ぐらいはある。

漂流記の感慨深い宿命は、生きて帰還した人だけの記録であり、これらの本の背後には夥《おびただ》しい数の、遭難して行方不明のままの人、あるいはなんとか無人島に漂着したけれど、発見されずそこで朽ち果てるように命を落とした人も沢山いるだろう、ということである。

生還した人の漂流記の最高傑作は『大西洋漂流76日間』（スティーヴン・キャラハン著、長辻象平訳、ハヤカワ文庫）で、これは大きな船には必ず搭載されているライフラフトに乗って漂流を余儀なくされた男の話だ。

この主人公は比類なき勇気と闘魂に満ちた、そしてかなり知能の高い手先の器用な人で、数少ないライフラフトの中の道具で簡易六分儀などを作ってしまう。魚をとる道具を工夫したり、失った釣り針を他のもので再生したりと、そのサバイバル術を読んでいくだけで読書としての喜びが横溢《おういつ》する。ただし、漂流記を読むのは好きだが、漂流はしたくないと、この手のジャンルの本を読むと常にそう思った。

『コロンブスそっくりそのまま航海記』（ロバート・F・マークス著、風間賢二訳、朝日新聞出版）はまさにタイトルそのものの話で、一四九二年のコロンブスの新大陸発見までの旅を当時のままの船と装備と食料で行うという、現代の冒険探検物語のジャンルではかなり贅沢な遊び心に満ちた航海記だった。


一番行きたかった海洋冒険探検記はかなり読んだ。古くはヨーロッパの列強といわれた国が大きな帆船で冒険という名の国土や資源略奪のために国策がらみで世界の海洋に出ていった大航海時代の記録。それからヨットによる民間人の幾多の海洋冒険記。不幸にも事故のために漂流し、結果的に命がけの海洋冒険になっていった話。『コン・ティキ号』に魅せられてぼくはそういった本も手あたり次第に読んでいったが『コン・ティキ号』をしのぐ海洋冒険航海記録は皆無だった。

この探検記の素晴らしいところは人類学者、海洋生物学者であるヘイエルダールが、南米の巨石文化が太古、なんらかの手段によって海洋を渡り、イースター島まで航海したのではないか、という仮説のもとに、乏《とぼ》しい当時の歴史的資料を調べ、その時代に行われたのと同じ方法で、実際に海洋に挑んでいくことであろう。

そのために、非常に浮力のあるバルサ材の巨大なものをジャングル奥地に苦労して探しに入るところからこの探検記ははじまる。

妥協やとまどいやしり込みといったところが微塵《みじん》もないその行動から、読む者である私たちはこの探検の奥の深さに知らず知らずのうちに引き込まれていくのである。

苦労して見つけたバルサの巨木を切り倒し、ペルーの山奥から斜面や川を利用して海にまで運んでくる。そのあいだにヘイエルダールの探検に賛同し、同行するクルー探しが続く。

このいくつもの可能性のパーツが「ひとつの目的」にむかって集結していくところなどはまさに映画を見るようなゾクゾクするイントロダクションだが、でも気がつくと全ての準備が整うところでこの本のもう四分の一ぐらいのところまでページが費やされていたのだった。しかし読者はヘイエルダール独特の知的に抑えた筆致によって、それまでの苦労の延長線上の気分で、いつのまにか最長十五メートル直径一メートル前後のバルサ材九本の、けっしてスマートとはいえないが、それなりに、見るからにタフで威厳に満ちた形態のコン・ティキ号と共にまずはフンボルト海流を突き抜ける難関海洋に挑んでいくのである。

そしてそこから最後まで、読者はコン・ティキ号と運命を共にした、厳しく激しくも魅力に満ちた海洋冒険航海の日々に突入することができるのである。

まだ本文を読まずに最初にこの解説に「ちょっかい」を出した読者には「おーい、海も風も人間もいいぞ。巨大な海洋をもつ地球というものも案外いいんだぞ」と、本書を何度も読んでいるぼくはやや羨《うらや》ましく、ややエラソーに、そういってやりたい。

六人のそれぞれの個性も特技も能力も違う乗組員たちのキャラクターが、いくつものエピソードのなかで次第に少しずつ読者に見えてくる。このチームワークが、本書のもうひとつの大きな魅力かもしれない。やがてわかってくるが（いや最初からわかっていたが）この六人は程度の差こそあれ、ペルーを離れたときから、みんなそれぞれに死を覚悟した海の冒険者である。

ヘイエルダールのいいところは、こういう海洋冒険ものにありがちな、そのあたりの精神論や人生哲学にあまり触れないところだろう。むしろ科学者らしく、大小様々なアクシデントに論理的に対応していくところがカラっとしていて気持ちがいい。ある状況では一人のクルーが筏から落ちて、もう少しで荒れる海洋のなかに永遠に失われそうになった。そのとき五人のクルーは機敏に対応し、そのうちの一人が命綱をもって単身飛び込んでいく。タイミングとしては一秒以内に判断していなければかなわない勇気と決断と体力の勝負だったろう。

そんな生死をかけたドラマが次々におきる。でもこういうヘンテコな〝筏〟の海洋探検でなければあり得ない、思いがけなく楽しい日々の海洋生活も活写される。

たとえば炊事係は早朝起きると筏の上を歩き回り、夜のあいだ飛び込んできた大小のトビウオを拾う仕事がある。それはその日の朝食となる新鮮かつ無料の「海からの贈り物」だ。カツオとかマグロなんかも造作なく釣り上げてしまう。かれらはそれを火をつかって料理しているが、ぼくなら断然醤油《しょうゆ》にワサビにあつあつのご飯で「もう死んでもいい」などとそのうまさに雄叫《おたけ》びをあげているところだろうが、まあ食文化が違うわけで、そのへんが非常にもどかしい。

コン・ティキ号のまわりには常に巨大な鮫《さめ》がついてくる。そして六人の勇者はときに大量の追跡鮫たちと全面戦争を開始する。血なまぐさい迫力の場面である。でも、それが海洋探検者に与えられたもうひとつの避けられない試練なのだ。ある海域では「まったく無限と思われるゴンドウクジラの群れのなかに入っていった」という記述がある。大きな漂流物に必ずついてくるシイラやブリモドキなどとの〝つきあい〟も楽しい。たびたびおこるそれぞれ「なんだかよくわからないもの」との遭遇場面は、海の真の世界をまだ人類はまるでわかっていない、という新たな好奇心と冒険心をよびおこさせてくれる。

嵐も襲ってくるからクルーは休まるときがない。しかしこの苦難や安堵《あんど》の連発する日々こそがかれらに与えられた試練であり、またある種のカタルシスにつながっているのだろうな、と乾いた陸上の家のなかで読んでいる者は「読む側の悦楽」を堪能するのである。

目的の群島のひとつ、無人島に突入する場面は、あまりにも激しく厳しい状態になっていて、正直な話、ぼくなど何度読んでも何がどうなったのかよくわからない容易ならざる事態のなかの過激なる興奮の連続で、必死にそのありさまを頭に描いて手に汗を握るしか読む方法がなかった。

誰にも事故はなかったが、バラバラになってしまったコン・ティキ号を彼方《かなた》の暗礁《あんしょう》に眺め、新鮮な椰子《やし》の実のジュースを飲みながら「陸はいいなあ」と語り合うクルーの会話に安堵し、その後の感動的なポリネシアの人々との交流、とこの本は最後まで飽きさせることがない。その「しあわせ感」を、この文庫の再登場で読者も存分に味わってもらいたい。なおヘイエルダールはこの探検の二十二年後にパピルス（葦《あし》）で造った船「ラー号」でモロッコからカリブ海を目指し、さらにその八年後にも同じ葦船「ティグリス号」でインド洋の航海に成功しており、そのどちらも翻訳されている。

『嗜み』二〇一〇年夏号に加筆

クーパーズ・クリークを歩いて
——『恐るべき空白』（アラン・ムーアヘッド著、木下秀夫訳、ハヤカワ文庫）

『恐るべき空白』の新装新刊が出ると聞いて嬉しかった。この本は様々な探検記の中でも非常に綿密に書かれた深味のある名作であるからだ。

そこに解説のようなものを書きなさい、という依頼を受けてしばらく迷った。ぼくの持っている早川書房版、木下秀夫訳の文庫本には明治大学教授、越智道雄氏のたいへん正確でわかりやすい解説文があり、それでまったく十分であると一読者として思っていたからだ。

『恐るべき空白』に感動し、バークとウィルズの行った探検ルートの一部を実際に歩いて、その炎熱の砂漠の空気を吸ってきたことがあるので、そのおりの感想という程度のことしか書けないがそれでもよかったら、というただし書きつきで思いつくままのことを書かせていただくことにした。

バークとウィルズが凄絶な状態で探検したクーパーズ・クリークには一九八七年に行

った。この時もアラン・ムーアヘッドの本書を読んでそれに感動し、ひと月ほどの短い期間であったがその探検の地を集中してこの目で見ようという計画だった。

　彼らの探検の地をおとずれたかったのは、その数年前にシベリアを二カ月ほどかけて横断し、極寒のマイナス五十五度までを体験したばかりだったので、それではその逆に焦熱地獄の片鱗を体験したいという目的もあった。本書の最初のほうにオーストラリア砂漠の中央部の五十五・五度の状態が書いてある。

「直射日光の下では七十度近くまで達し、暑さは地下一メートルの深さにまでしみ通り、熱のために木の箱のねじがとびだし、つの製のくしが小さく割れて薄片になった。人びとの髪の毛は伸びなくなり、指の爪はガラスのようにもろくなってすぐ割れた。スタートは日記をつけていたが、これがもう書けなくなった。鉛筆をつまみあげると芯がとびだしたし、ペンを使うと、インクが紙にふれたとたんに乾いてしまった」

　その地獄のような砂漠にむかったのだが、幸か不幸かその年は十五年ぶりの寒い夏となってしまい最高で四十五度までしか上がらなかった。けれど摂氏三十度代でフウフウいっている日本から来た軟弱者はその温度でまず思考能力がなくなった。何をするのもなげやりになり、次の自分の行動が頭に描けなくなった。ちょうど高山病の状態によく似ていた。

　オーストラリアの内陸部はアウトバックと呼ばれるが、完全に乾きあがった赤い大地のところどころに貧弱な葉をつけた木がはえ、それが熱風の中でかえって残酷な風景に見えた。さらに何よりも嫌でたまらなかったのが常に襲ってくる猛烈な蝿の大群であった。蝿たちはどこにでもいた。それも信じがたい程に濃密にいて人間の目、鼻、口のまわりをたえず集中しておそってくる。人間のそのあたりがとりあえず一番襲いやすい湿っている場所だからなのだとあとでわかってくる。

蝿どもは日が暮れるとどこかにいなくなるが夜明けとともに来襲してくる。そして日中はずっとこれに責めさいなまれる。人間の目や鼻の穴や口のまわりはいちばん蝿などまとわりつかれたくない場所であるから最初はとにかくずっと手で払っていなければならなかった。しかしそれは大変疲れることであるから何日かいると少しずつ慣れ、諦めがくわわってなんとか折り合いをつけていくようになる。

本書の中にも随所にこの蝿のことが出てくるが、オーストラリアの砂漠に自分で足を踏み入れるまでは本書に書いてあるこの「蝿」の記述はあまりたいして気にもとめずに読んでいたのだった。けれど実際に体験すると、もうこの蝿とのタタカイだけで気が狂ってしまいそうだった。

ぼくのアウトバックの旅は四輪駆動車を使っていたからもうどうにも我慢できなくなると車の中に逃げることができる。しかもその中はクーラーが効いている。百年前の彼らの過酷な探検隊とは条件に雲泥の差があるのだった。けれどそれであっても渇きは通常のものではなく、疲労度も積み重なっていったから、バークとウィルズの探検隊がいかに厳しいものであったかを身をもって感じたのである。

なまじ灌木があったり生物がいる砂漠はかえってわずらわしいのだ、ということも意外な体験だった。たとえばそれまでぼくが歩いてきたタクラマカンやゴビ砂漠などはあまりにも乾燥しすぎていて生物は虫にいたるまで生存できないのである。しかしオーストラリアではサソリやムカデ、毒蛇などにも注意しなければならなかった。本書にも「子猫」をおもわせる可愛い顔をして猛毒をもつトカゲの話が出てくるが、いたるところ油断のならない場所である、ということも身をもって知った。

バークとウィルズの探検隊は沢山の馬とラクダをつかっているが、本書を読んだ人はわかるように人間の渇きと同じように馬やラクダたちも結局は渇きと飢えと疲労で倒れていくことになる。

この時代の探検隊が植民地指向のもと、国家の威信にかけて巨額な資金と大部隊で探検隊を構成するという大きな時代の前提があったから、かれらもそのような大所帯の探検隊で立ち向かわざるを得なかったのだろうが、実際にこの過酷な砂漠にほんの少し足を踏み入れた感想からいうと、組織が大きくなればなるほど探検隊の機動力はなくなっていくのだろう、ということがシロウトの感覚でもわかる。巨大な帆船をしたてて植民地をあさった海の探検隊とちがって、陸のそれは大所帯すぎて分断行動となり、それによる不幸があったのだろう。探検隊の中での人間関係や原住民とのつきあいかたなどにもそれによる齟齬があらわれる。

ぼくもアボリジニの一家につかのまお世話になったが、彼らがいかに灼熱の砂漠の住人として強い存在であるか、一緒に生活しているとよくわかった。彼らの常食は木の根にいる巨大な幼虫だったり土の中のカエルやトカゲだったりする。それを鉄の棒一本でいとも簡単につかまえてしまう。ぼくはひとりの主婦が尾までいれると七〇センチぐらいあるトカゲを土中から簡単につかみだし、あっというまに焚き火料理してくれるのを見て砂漠の民の底力というものを知った。

食事ひとつするのでも荒野にテーブルをおき、クロスを敷き清潔なグラスにワインを注いでからでないとはじまらない英国風のやりかたや考えかたでこの砂漠を横断しようとすることそのものに無理があったような気がしてならない。

それにしてもこの巨大な大陸の真ん中に海があるかも知れない、という未知なる夢にむかって邁進できた当時の探検家は、その夢とそれにむかうスピリッツだけで十分羨ましいことだと思う。たとえそれが随所で「もどかしく」「いらだたしい」顚末のもとについえてしまった悲劇的な探検の記録であってもーーである。

ぼくの行ったルートで偶然出会ったことでわすれられないのは、ラクダ狩りであった。いまオーストラリアには沢山の野性のラクダがいて、それを捕まえる専門の「キャメルボーイ」みたいな連中がいるのだ。かれらはヘリコプターと四輪駆動車とバイクで夥しい数のラクダを追い、捕まえる。何日かその連中にくっついていたのだがなかなか勇猛な風景であった。

野性のラクダはその日見ただけでざっと五百頭はくだらない数だった。「キャメルボーイ」はその中の若いラクダをつかまえて調教し、中近東のほうに売るのだという。

本書には探検隊編成のために外国から大量のラクダを買い入れる話が出てくる。この探検隊が入った時代にはオーストラリアにはラクダはいなかったと書いてあるから、ぼくがそのとき見た野性のラクダたちはもしかするとバークとウィルズの探検隊の時のラクダの末裔なのではないか、と思った。確かめようがなかったのだが、赤い熱の大陸を走るラクダたちの群れにぼくはこの百年前の探検隊たちの夢のマボロシの片鱗を見たような気がした。

二〇〇五年四月

〈インタビュー〉

シーナマコトの原点

──『さまよえる湖』（スウェン・ヘディン著、鈴木啓造訳、中央公論新社）

──椎名さんが『さまよえる湖』を初めてお読みになったのは、小学生の頃とお聞きしているんですけれども。

椎名　そうですね、五年か六年ですね。学校の図書室なんですよ。何も予備知識なしで、ただ『さまよえる湖』というタイトルが面白かったので手に取ったということはよく覚えてるんです。そしてそれを読んで、いくつか知ったことがあるんです。それは、ひとつには「探検隊」という職業、というかそういう仕事をする人達がいるんだということですね。さらに、世界は広いぞということ。それから〝タクラマカン〟という魅力ある砂漠の名前。サハラ砂漠ぐらいは知ってたんですけど、アジアにも大きな砂漠があるんだということを知ったのも、その本からの大きな発見のひとつかな。

それで、その本がきっかけになって、いろんな探検隊の本に興味をもったんですね。南極探検隊とか、アフリカ探検隊とか、いろいろ読んでいきましたね。

それから同時に、子どもですから自分もそういう探検隊員になりたいと思ったわけです。それで、友達と一緒に自分の町にある小さな裏山に行ったり、川に行ったり海に行ったりという、探検隊ごっこをよくしていたんです。いろんな意味で、僕にとっては子ども心にも誠にエポックメイキングな本でしたね。
強いて言えば、一生を左右するような出会いだったかもしれないです、結果的に見れば。やっぱり人間には、一生のなかで人生を方向付ける本との出会いというのがあるらしい。それは人によっていろいろでしょうけれども、僕にとってはまさしくこの本だったのですね。

——その出会いは椎名さんの人生をどう変えたのでしょうか?

椎名　とにかく、本を読むようになりましたね。環境としては、僕は五人兄弟の下から二番目で、兄や姉たちが読書好きだったんです。だから自宅には本がいっぱいあったんですけども、彼等の読書傾向が文学系だったので本棚には小説ばかりで、僕は元より関心がありませんでした。家ではなく学校の図書室で探検の本に感動したのはそのためだと思うんですけれども。ただ、図書室でそういう面白い本に出会ったことで、逆に家の本棚にまた目が向くようになったということはあります。うちにも本がいっぱいあるんだな(笑)、ということで……。
それから同時に、世界に目が向くようになりました。世界には面白いいろんなことがいっぱいあるんだなぁということに気づかされた。読書からものの見方のスケールが大きくなったということはあるかもしれないですね。

――それまでは、あるいは町単位であったりしていたものが？

椎名　そうですね。学校単位だったりしてたようなものがね。

――世界自体が広がったということですね。

椎名　なかでもやはりシルクロードを舞台にした「西域」という巨大なエリアに興味が行きましたね。タクラマカン砂漠というのは地図で見てずいぶん遠いところだとは思っていましたけれども、とにかくその場所に行ってみたいなと、子ども心に思ったわけですよ。「月の砂漠」にあこがれるような感じでね。ところがその頃は自分で理解してたかどうか、今になるとわからないんですけれども、当時日本と中国は国交がなかったんですね。で、行こうと思っても行けないところであるということにやがて気がついたんですね。よしんば入国できたとしても簡単には行けない、探検隊でなきゃ行けないということも。あこがれの西域は、いまでいえば宇宙探検に近いような、はるか彼方にあるそれこそ幻の夢の場所だったわけです。

――宇宙にも比すべき遠い場所と。

椎名　そうですね。ところがやがて、政治的な動きがいろいろあって、それで日中国交回復の方向なんていうのが新聞紙上を賑わすようになってきて、やがて田中角栄が現れて、日中国交正常化ができちゃうわけですよね。その頃は僕はもうかなり大きくなってたように思うんですけどね。

学生の頃は、勉強はあまりしなかったけどけっこう本は読んでましたので、本についての話を友達とよくしました。その時に、あれを読んだこれを読んだという話になるんだけれども、僕はヘディンのこの本を読んだ関係で、西域を中心としたあちこちの冒険・探検記録をずいぶん読んでいました。プルジェワルスキーとか、オーレル・スタインとか、橘瑞超とか、一連のやつをずいぶん読んでいて、そんな話をしたかったんだけれども、誰も周りにそんなの読んだやつはいないわけですよ。

それがある時、僕の親友に友人の女性を紹介されて、僕は何気なしにヘディンの話をしたら、「私も好きなんだ」という話になって。ずいぶん嬉しくて、どんどん話してると、実は僕よりも西域の世界に詳しいんですよ。当時、ヘディンをはじめ西域の探検記をいちばん詳しく収めた「西域探検紀行全集」というのが白水社から出てまして、別巻まで合わせて十六巻ぐらいあるんですね。当時、僕はそれが欲しくてしようがなかったんですけど、高いわけですよ。一冊、九八〇円ぐらい。安サラリーマンの給料が二万円ぐらいの頃だったから、当時としてはとっても高かった。それで神田の古書店で買った端本を何冊か持ってただけなんです。ところがその女性が全巻持ってるというんですよね。これにはびっくり仰天しましてね。そんな人が世の中にいるのかと!。で、どんどんすごく親しくなっていったんですよ。結局、その人と結婚したんですけどね（笑）。

――なるほど。ということは、辿っていけば、ヘディンの探検記はお二人の出会いのきっかけにもなったというわけですよね。

椎名　そうですね。だから、運命まで左右してしまったと。

――おそるべき作品（笑）。

椎名　そうですね。そして今でいう結婚前のいちばん幸せな時期に、あちこち喫茶店なんかで話をしていて、「ロプ・ノールにいつか行ってみたいんだよね」なんていう話をしていたんですよね。それはもう夢の夢だということはわかっていながらも、そんな会話をしていたんですよ。

そういう話をしてた時は僕はサラリーマンになったかならないかの頃だったんですけど、やがて結婚して、共働きの普通の家庭を持って、貧しいながらも静かな生活をしていた時代があるわけですね。子どもができて、本当に慌ただしい十年間ぐらいを過ごしていました。僕は、小さな会社ではあったけれどもある程度安定したポジションと仕事をしてましたので、毎日けっこう充実していたんです。ただ、このまま会社勤めをずっと一生していくのだろうか、それともとっくの昔に諦めた探検ということを、人生のなかでまだやれる可能性もあるのだろうか、なんていうことを考えてグラグラしてる時に、小さなエッセイを書いたのがきっかけで、とにかくサラリーマンをするだけじゃなくて、別のもっと時間を自由に得られる職業もあるんだということに気がついたんです。そして会社を辞めようかななんて思って、ツマに相談したわけですね。そしたら、彼女は本当におかしなというかつまり、太っ腹な女性で、「辞めたい時に辞めたほうがいいのよ」なんてことを言うんですよ。「日本という国は絶対に飢え死になんかしないから、そういう経済的なものはまったく心配しなくていいわよ」なんてねえ。それが後押しになって、ポンと辞めてしまったんです。

それで物書きになったので、生活はけっこう大変なんですけど時間はいっぱいあるので、あちこち行けますよね。それで、どこかへ行きたいなと思ってる時に、テレビ局が僕に「パタゴニアの探検に行かないか」なんて言ってきたんです。パタゴニアなんて聞いたことなかったんですけれども、あの頃は好奇心の塊でしたから、とにかく日本人があまり行ってないというので、「ようし、それじゃ行かせてもらおう」ということになったんです。結果的には厳しい旅だったんですけど、でもそれが面白くて。僕もそのなかでのびのびと、レポーターというのをやったんです。いまみたいに面倒くさく思わないから、テキパキといろいろとテレビに向かって話をしてましたんで（笑）、それが思いがけず人気になって、国際賞か何かを受けたりしたんですね。それでそのテレビ局がいろいろ僕に、次々と言ってくるようになりました。僕も、時間があればどんどんやったんですよ。ですから、あの頃は年に二本ぐらい二時間ものの長いドキュメンタリーに出てましたね。

——その度に世界中を旅されたわけですね。

椎名　ええ。特番関係が多かったんですよ。〝開局記念男〟みたいに言われてました(笑)。

——「椎名誠、どこどこを行く」という(笑)。

椎名　そうですね。足掛け十年近くそんなことをやってたかな。それからそれとは別個に、自分が行きたいところにもずいぶん行ってたんですよね。それは、いま思えば全部、本から興味を持ったところだったんです。たとえば、マリノフスキーが書いた『西太平洋の遠洋航海者』。これはレヴィ・ストロースの『悲しき熱帯』と対になって中公の「世界の名著」のなかに一緒に入ってますね。僕はあの頃、中公の「世界の名著」をけっこう読んでましてね。それで、マリノフスキーの『西太平洋の遠洋航海者』のなかに出てくるクラの儀式というのにすごく興味がありまして、そこにどうしても行ってみたいと思って、結局その書いてある現場に行ったんです。あるいは、バーク&ウィルズ探検隊というのが、オーストラリアのクーパーズ・クリークというところを探検してるんですけど、これも、『恐るべき空白』というアラン・ムーアヘッドの本を読んで、凄いなあと思ってそこにも行きたくなって、やっぱり行っちゃった(笑)。

　そんなふうに、テレビのしつらえの手のものと、自分で勝手に思って行くやつと、いろいろ錯綜してるんですけど、日本の離れ島も含めて、とにかく一年中どこかへ動き回っているという時期がありましたね。

そんなふうにしてテレビのいろんな番組に出ていた時に、いちばん僕が馴染みでたくさん出ていたのがテレビ朝日の「ネイチャリング・スペシャル」というやつなんですが、ある時そこから、南極の番組をつくりたいと言ってきたんです。かなり大きな特番で、僕も「行きますよ」と返事して、今度は南極か、なんて思っていたんですが、ところが直前に、それも一カ月半ぐらい前に、とっても大きなある問題がおきて急に行くことができなくなってしまったんです。それでテレビ局のほうには平あやまりで「行けない」ということを言ったんですけれども、これはもう完全に僕のほうの一方的な契約違反ですから一言もない。もう遅らせることもできないし、代替人を立てることもできないというのでテレビ局のほうも困っちゃって、別な作家を代役にたててやることになったんですけどね。で、それからはすっかり、その局とはマズい状態になってしまったわけです。

それから二年も経たないうちだったかな、朝日新聞が創刊百周年を記念して、ロプ・ノールと楼蘭に探検隊を出すということを決めたんですね。それを新聞で見たんです。「ああ、ついに行くのか」と思いました。外国人が入るのは、橘瑞超以来、七十五年ぶりだというんですね。それで、「わあ、すごいなぁ。つれていってもらいたいな」と思ったんです。そうしたらそれと同時に、滅多に行けないところだからテレビドキュメンタリーもやるんだというんですね。朝日新聞ですから、行くのは提携している例のテレビ局なわけです(笑)。「ああ、仲良くしてればきっとこれは僕のところにこのハナシが来たんだろうな」と思っていたんですね。それで、悲しく歯嚙みする思いで「皮肉なもんだなぁ」というふうに思って、「こんなこと忘れよう」と思ってたんですよ。

そうしたら、やっぱりああいうところに行く馬鹿な作家は僕しかいないらしくて(笑)、そのテレビ局がですね「椎名さん、いろいろあったけれども、うちのほうでやってくれないか」と言ってきたわけですよ。後で聞いたら、井上靖先生が何かを見て、「あの人がいいんじゃないか」ということを言ってくださったらしいんですけどね。でも僕は、前のこともあるから、そんなにすぐに「はい」と言ってまた駄目だったらそれこそ大変ですから、慎重に、「なんとか行けるように頑張ります」と返事したんです。もう気持ちのなかでは百二十%行くつもりでいたんですけどね(笑)。

――嬉しくてしようがなかったと。

椎名　人生というのは、夢を持っていれば、紆余曲折あってもどこかで叶うもんだなということを、その時にしみじみ思いましたよ。その時に、僕はいくつだったかな、もう四十代に入ってたかなぁ。いつもトレーニングはしてましたけど、また集中トレーニングをして体を鍛え直して、楼蘭に一番乗りで入ろうと思って作戦を立てたんですよ。

――探検隊のなかでも?

椎名　ええ。そうしたら合同で行った中国隊のほうも初めて楼蘭に入っていくんで気合が入ってるんですよ。それで、最後のキャンプ地からは選ばれた何人かだけが楼蘭まで行けることになったんですが、ジープでは行けず歩いて入っていかなければならないので、ものすごいルートでしたから最後は体力勝負だったんです。実際は夜になっちゃいましたけど、向こうの隊長と僕とは、最後は競争でしたよ（笑）。

――アムンゼンとスコットのようですね（笑）。

椎名　隊員の中には、バタバタ倒れる人がいてね。そのなかで、鍛えたかいがあって僕がトップで入城したんです。真夜中、夜中の十一時頃だったかな。やっぱり感動しました。妻にもこの風景を見せてあげたいなと思いましたね。井上先生からは、「楼蘭の石ころを拾ってきてください」と言われていたんですが、行く時にいろいろ日中の間でのギクシャクしたものがあって、奥地に入っていくにつれてどんどん制約が厳しくなっていきまして、とうとう「楼蘭に入ったらば、たとえ石ころ一つでも持ってきてはいけない」ということになっちゃったんです。要するに中国側は楼蘭古城に入った時に、日本が勝手に発掘することを嫌がったんですね。われわれも発掘が目的じゃないとは言ったんだけれども、どんどん規制がかかってきて。いちばん困ったのは「ＶＴＲやムービーやスチールも撮影してはいけない」ということでした。これでは何のために行ったかわからなくなっちゃうわけですよ。それは大変なすったもんだでした。

それと、やっぱり感動的だったのは、楼蘭の古城に入る前に、まさしく干上がったロプ・ノールに入っていった時ですね。

――ヘディンの見た、新しいほうのロプ・ノールももうないんですね。

椎名　ないですね。それはもう、人工衛星の撮影でわかってたんですが、やっぱりつまらないですね。あんなふうに宇宙から写真を撮るようなことがなければ、ひょっとするとまだ湖が残ってるかもしれないというロマンがあったと思うんですが。でも、ないのはわかってましたから、その跡地がどんなふうになってるのかなという興味は強烈にありました。タリム河の跡を歩いていって大昔湖だったエリアに入ると、地上一面に白いものが点在してるんですね。で、何だろうと思ったら、巻き貝なんですよ。白い貝。四センチぐらいの立派な貝ですよ。これが無数に、地平線まで広がってるんです。それはつまり、湖の跡だということを如実に示す風景ですよね。やっぱり感動しました。貝ひとつも持ってっちゃいけないんだけど、ちょっと転ぶふりをして、何個かポケットに（笑）。

――入った、んですね（笑）。

椎名　入っちゃったんですね（笑）。帰国してから一つは井上先生に差しあげて、一つはツマにあげました。

そんな一つ一つが〝人生の旅〟みたいが気がしましたね。「この場所に来るためにいままでやってきたんだな」なんてことを思いながら楼蘭の風に吹かれていたわけです。楼蘭古城には三日間いたんですけど、毎日これまでみてきたどれよりも一番の青空でした。夜はすさまじい星ばかりの天空。本当に僕の人生のなかではクライマックスの三日間だったような気がするんですね。

ところが面白いもんで、その翌年だったかな、その追加取材でどうしても再び楼蘭に行かなきゃならないということになったんです。しかも今度は中国の許可を得て、ヘリコプターで入っていくことができるようになったと。楼蘭まで一気に、軍隊のヘリコプターを使ってです。で、「ついては、椎名さんの話を聞いていて、奥さんとの馴れ初めがロプ・ノールだったことを聞いたんだけれども、奥さん行く気ないですかね」ということなんですよ（笑）。

――ご一緒にではなくて、奥さんが（笑）。

椎名　これはえらいことになったなと思って、奥さん（ツマですけど）に言ったら、目を輝かせて、もちろん行きたいです、と言いました。だから、平山（郁夫）画伯夫婦とうちの奥さんが行ってますので、日本人で夫婦ともに楼蘭に行ってるのは、平山画伯と僕のところだけなんですね（笑）。

――橘瑞超は独り身でしたしね。

椎名　そうですね（笑）。そんなわけで、彼女も楼蘭に立つことができたんです。

――『さまよえる湖』のなかで、椎名さんにとって最も印象深いシーンはどこですか？

椎名　僕はやっぱり、タリム河の支流をヘディンらがダブル・カヌーで行くところが好きですね。メサがたくさん現れてきますね。僕はメサもヤルダンも目の当たりにしてますので、このなかに水が流れていて、タマリスクがあって、という情景はわかるんですけど、水があるというのがちょっと想像できないんですよね。僕が見てるのは、全部塩になった河なんですよ。陽光に光っている氷の河みたいなのを。あれが青というふうに想像すればいいんですけど、あの赤い大地に水の青が連なってるというのは、頭がクラクラするような素晴らしい風景だと思いますね。

――ヘディン自身も、新しいクム・ダリヤのほうに初めてカヌーで入っていった時に、砂漠の真ん中を水だけが流れているというのを非常に印象深く書いていますけれどもね。

椎名　それはそうですよね。あのくだりが僕はいちばん好きですね。それで、いろんなところへ行って迷いますね。そのたびにメサの上に登って方向を確かめる。メサの上に登る、というのは現場を見てますので想像はできるんですけどね、これが難しいんですよ。

――ヤルダンの迷路という言葉が各所に出てきますけれども、本当に迷路みたいに？

椎名　ヤルダンは同じ方向に並んだ高さ二〜五メートルぐらいの長い山です。それが果てしなく続いている。方向としてそれを次々に越えていくようになっている。殆ど一日中です。だから疲れます。僕たちは探検隊で行ったから、隊列があるからわかるんですけど、一人で行ったらこれは怖いですね。もう全部同じですから。

――ヘディンも、隊員を単身捜索に送り出す場面では非常に心配していますが。

椎名　よく助かりましたよね。結局、全員無事で旅を終えてますから、これはすごいことだと思いますよ。

――この旅のヘディンに関しては、考古学的発掘を禁じられていたので、椎名さんと同じように歯がゆい思いをして、シャベルも一個しか持っていなかったという話がありましたね。

椎名　そうそう、あのシャベルが結果的にいい役をするんですけどね。

――「十本あったら、どんなによかったことか」みたいなことが、書いてありましたね。

椎名　そうですね。だからミイラを発掘する時も、一本のシャベルでやってますよね。

――あとはボートの櫂で。

椎名　そのほうがいいものを発掘してるようですよね（笑）。僕たちが行った時も、盗掘は比較的新しいやつがありましたよ。普通の、そんなに歴史もないような墓暴きがけっこうあってね。土手のところに骸骨が三体ぐらい、横からはみ出してるんですね。それで、大したものも着けてないのに暴かれてるんですよ。あるいはシャレコウベが、何だかわからないけれど三つぐらい並べられてあったりね。それはやっぱり、悪いやつがいまだにいるということですね。

――野生のラクダが登場しますが、砂漠の動植物についての印象はいかがでしたか？

椎名　野生のラクダはもういなかったですね。アカザという植物があって、そこに砂トカゲがいるのは何匹か見ましたけど、あとはやっぱり、空に飛ぶ鳥なく、地に走る獣なしですよ。印象的だったのは、タマリスクですね。すごく息抜きになるんですよ。他にも砂漠性の植物はあちこちに、僕が行った頃にもまだちゃんとあったんです。

――乾燥に非常に強いんですよね。

椎名　それはすごいなと思いましたね。二千年へて枯れていてもまだ地上から立っている。白骨化した木の林のようでした。

――タマリスクは中国語で「紅柳《ホンリユウ》」と称すそうですが、実際に鮮やかな赤なんですか？

椎名　季節によって色が多少変わるらしいんですが砂漠にはもう生えていません。立ち枯れですね。つまりその二千年ものの。砂漠から少し水気のあるエリアに入っていくと生きて葉をつけているタマリスクが出てきました。でも花はなかったですね。

――年じゅう花が咲いてるものでもないんですね。

椎名　そのようですね。

――あとはやっぱり、赤茶けた大地に青く広大な空、それだけということでしょうか。

椎名　そうですね。空が、青を通り越して黒いんですよ、見上げる真上が。それが楼蘭の空ですね。夜空もね、星が空いっぱい地平線ギリギリまで輝いていて、もううるさいくらいで。極端にいえば、白い星の間に黒い夜があるという（笑）。逆転しちっちゃってるんです。白い夜空ですね。ドームの下にいるような感じの、なんか圧迫感を感じるぐらいなんですよ。

——あまりにも星が敷きつめられていて？

椎名　ええ、閉所恐怖症になるような、そのくらいすごい星空ですね。それからあと、流れ星がひっきりなしなんでね。いかにおびただしい星のカケラが空を流れているかって、よくわかりましたね。

——最後に、読者へのメッセージをいただけますか？

椎名　この『さまよえる湖』に限らず、こういう探検記を特に若い人に読んでもらいたいですね。お気軽なエンターテインメント時代に、なかなかこういうジャンルのものは敬遠されがちなんですけれども、でもちょっと一冊でも読んでみると、次から次へと興味が湧いてくると思うんですよ。昔、僕の小学生時代がそうだったようにね。だから、敬遠しないでまずは一冊手に取ってほしいですね。絶対に面白いですから。

二〇〇一年一〇月

旅と冒険の本　BEST10

1『コン・ティキ号探検記』（トール・ヘイエルダール著、水口志計夫訳、ちくま文庫）

ヘイエルダールの本の中でも最高の本。ぼくは動力を持たない乗物での移動が好きです。移動記が好きなのですが、中でも最も原始的な筏での旅、しかも移動漂流記は移動記の黄金道でしょう。次に何が現れるか分からない漂流——この本の中にも、未だに得体のしれない生きものが登場するのがたまりません。

2『さまよえる湖』（スウェン・ヘディン著、鈴木啓造訳、中公文庫）

この本を読んだ小学生のぼくは探検家になりたいと思いました（で、結局あやしい探検隊に……）。実際に、長い砂漠の行程を経て、楼蘭のロプ・ノールに到着した時、全身鳥肌が立ちました。砂漠の真ん中でかつての湖底の葦や巻き貝を見ると、思わず地面に頬ずりしてしまいました。震えるほどの感動でした。

3『信じられない航海』（トリスタン・ジョーンズ著、宮本保夫訳、舵社）
これは現代の旅。本当に信じられない航海で、めちゃくちゃな旅人の航海記です。これはページをめくるのがもったいないとさえ感じた本です。人間不信に陥っている人間の〝黄金水上移動記〟ですね。

4『白ナイル』（アラン・ムーアヘッド著、藤田一士訳、筑摩叢書）
ムーアヘッドはあらゆるデータを集め、緻密でリアルな表現で冒険伝記を書く人です。客観的な彼の本となら、一緒に旅ができるんですね。移動旅行記は書く人の主観が中心になるので、書き手によっては一緒に旅ができないこともあるのです。

5『恐るべき空白』（アラン・ムーアヘッド著、木下秀夫訳、ハヤカワ文庫）
その場所に行きたいという気持ちをかきたてられた本のひとつです。ぼくはこの本を現場（オーストラリア）に持って行ってもう一度読みました。今まさに酷《きび》しい旅を体験していても、本に書かれたもっと過酷な旅のことを読むと励みになるんですね。

6『宇宙大航海時代』（ロバート・パワーズ著、水上峰雄訳、新潮選書）
『宇宙の征服』（ウィリー・レイ著、白揚社）の理論版です。宇宙旅行の可能性を科学的に追求していくので、夢がどんどん育まれて行くわけです。ラムジェットでどの位行けるか、地球外知的生物との遭遇はどうであるかとか……。

7『大西洋漂流76日間』（スティーヴン・キャラハン著、ハヤカワ文庫）

最近の漂流ジャンルの傑作です。ともかくこの旅人の不屈の精神、闘志には感激してしまいます。日本のたか号の生還のニュースを聞いた時、この本を思いだしましたね。ゴムボートで漂流し、カモメを捕って食べる。これを読むと、多少腹が減ってても耐えられます。

8『象と歩いたインド』（マーク・シャンド著、野本二美訳、心交社）

実はインドでも象と旅することなんて、あるようであまりないことだそうです。象との旅なんて、インド人もビックリ！　子供たちが集まってきたり、と旅の行程も面白いですが、象は人間と会話もできるし、実に賢い動物なんですね。心の交流がある。最後には、泣けてしまいます。

9『ヤワイヤ号の冒険』（大浦範行、河村章人著、筑摩書房）

主治医の病院の控室にあった全集の中で発見しました。全集には、抄録しか載っていなくて、絶版になっていた本のコピーを入手して読みました。山岳部の連中が手作りのヨットで、ちょこちょこ日本一周をする話です。クルーも交代制だから、ふたりだったり、十人だったり、天気に翻弄されたり、面白い本。

10『ホテルアジアの眠れない夜』(蔵前仁一著、講談社文庫)

蔵前さんという人が大好きなんですね。世界中を貧乏旅行で回っている人です。アジアの夜は、街中は勿論、山奥でもニワトリやブタなどがギャーギャー鳴いて本当にうるさい。彼の文章は、本当の旅をしている人が書いているものなんだ！ということがよくわかりますね。

3章　流れる雲のむこうを見ていた人たち

大気が痛い！――『マイナス50℃の世界』（米原万里著、角川ソフィア文庫）

ぼくはこの本で語られているＴＢＳのドキュメンタリーのリポーターとして、米原さんと同行しました。その頃からぼくは世界のいろいろな国への旅をしていましたが、ロシアは初めて。冬のシベリアを中心に二カ月の旅ですから、興味と緊張、そしておそらく予期しない出来事にいろいろ出会うだろうという期待感に満ちていました。米原さんはスケールの大きな美貌の才媛で、当時ロシア語の同時通訳ができる唯一の女性と言われていました。頭の回転が早くエスプリのきいた話ができるので男ばかりの取材チームの実質的なリーダーのようなかんじでした。

モスクワに到着してまず彼女がやったことは日本人スタッフの一人一人にロシア名をつけることでした。ディレクターの一人に東条さんという声の大きな行動の活発な人がいました。彼につけられたロシア名はガナーリン・トジョレンコでした。ガナーリンは日本語の（がなる＝どなる）からきていることはわかりますね。カメラマンの新田さんはいつもニコニコしているのでニタリノフでした。ぼくはアキレサンドル・シナメンスキー・ネルネンコというミドルネームつきの長い名前をいただきました。少し説明がいります。そのシベリアの旅に出る一週間前までぼくはオーストラリアのグレートバリアリーフという世界一の珊瑚礁で毎日海に潜る取材仕事をしていました。それからニューギニアにわたって一カ月。暑い国から日本に戻って一週間のインターバルをおいて極寒の国にくると眠くてたまらないのです。とにかくどこでも停滞時間さえあれば居眠りしていてみんなから呆れられていました。アキレサンドル・ネルネンコとはまことにうまい命名です。暑い季節から寒い季節になると長期睡眠に入る冬眠動物の気持ちがぼくにはよくわかりました。シナメンスキーはとにかく麺さえあれば寝ていても飛び起きて食う、という行動からきています。

まあそんなふうに全員がロシア名をつけられて、この本で多く語られているヤクーツクへと向かいました。ぼくはこのモスクワからヤクーツクに飛ぶ飛行機のなかからすでにいろいろ驚いていました。

座席にはシートベルトのあるのとないのがありました。こわれても修理しないようです。落ちたら全員死ぬんだからそんなの気にしなくていいでしょう、という考えのようです。たしかに広大なシベリアのどこかに墜落して何人か助かったとしても、救助に来てくれるまで何日もかかりそうです。そのあいだにみんな凍死でしょう。それから自分の座る座席のない乗客が十人ほどいました。要するに立ち乗りです。実際には便所のまわりなどにへたるように座っていましたが、これは天候状態などの関係でめったに飛行機が飛ばないので空港で何日も待っている人がおり、そのなかで運のいい人が（あるいはコネのある人や強引な人）がシートなしでもいいという条件で乗っていたのです。

六〜七時間かかった記憶があります。ヤクーツクに無事到着しました。しかしすぐに降りることはできないのです。理由は飛行機のドアが凍結していて氷をあける特殊自動車がこないと出られないのです。といっても、ただのガスバーナーのついた車でした。ガスの火をドアの周囲にあてて氷を溶かし、それでやっと降りられるのです。その作業に十分ぐらいかかりました。そのときヤクーツクはマイナス四十度ぐらいでした。我が人生ではじめて体験する温度でした。それもいきなりです。

ぼくはしきりに咳がでるのが不思議でした。まわりの人も咳をしています。あとでわかったのですが、いきなりマイナス四十度の大気が肺の中に入ってくるので、肺の細胞がすぐに対応できず、それが咳になって細胞を活性化させ必死に順応していたようです。さらにまわりを歩いている人々の顔を見て驚きました。みんな眉や髭や帽子から出ている髪の毛が真っ白でおじいさんおばあさんだらけになっています。理由はすぐにわかりました。呼吸する息が顔の表面に付着してたちまち氷になるからです。それは、顔を剣山（華道で使うハリだらけの花刺し）でまんべんなく叩かれるような感じです。要するに大気が痛いのです。ネルネンコもさすがに眼がかっきりさめました。でも風景はなんだか夢のようです。よくむかしの映画などで夢のシーンになると風景の輪郭が綿で囲んだようになってフワフワ状態になるでしょう。アレによく似た風景なのです。この理由もわかってきました。睫毛の上下にも息による氷ができてそれが視界の輪郭をぼんやりさせてしまうのです。

飛行機から空港の建物まで歩いていく短い時間にこれだけの極寒のウェルカム洗礼をうけました。これからの旅の興味がいやます、というものです。

ヤクーツクでのさまざまな不思議体験、恐怖体験は米原さんが書いているとおりです。付け加えたいのはトイレの話です。シベリアの旅のあいだに常に我々の話題になったのは、シベリアのトイレの七不思議でした。

そのひとつは便座がないこと。どこも西洋式と呼ぶ腰掛け式のものですが、まず便座はありません。もともとないのかと思ったのですがよく見るとむかし便座がついていた金物の跡がみんなあります。おそらく便座が壊れても修理することがないからだろう、と我々は考えました。二つ目は汚いこと。それも想像を絶するほど汚い便所があります。メンテナンスが悪いのでちょっと管理を怠ると水がすぐ凍結して流れなくなります。でもみんなおかまいなしにどんどんしてしまうので便器の中はどこも山盛り、そのまわりにまでばらまくようにみんな勝手に大便をしてしまうので個室の中は足の踏み場がないくらいです。阿鼻叫喚という言葉がありますが、こういうのを見たときの光景をさすのではないかと思いました。当初はこれは「あかずの便所」で汚すぎて使ってはいけないところかと思ったものです。でもみんな現役なのです。こういうところで用をたすのに便利なように、とニタリノフさんが発泡スチロールで個人の持ち運び式便座を作りました。あまりにも可笑しかったのでぼくはその後『ロシアにおけるニタリノフの便座について』という本を書いてしまいました。当然ながら糞便話満載です。

七不思議ですからまだいっぱい便所関係の話はありますが、それればかり書いていると怒られそうです。

馬での旅の再現をしたとき、ぼくは黒い毛の馬に乗りました。三十分ほど走って降りたときにまたもや不思議なことを体験しました。ぼくの乗っていた馬が「白馬」に変わっているのです。あまりにも寒すぎて頭がおかしくなったのか、と思いましたが、それもちゃんとした理由がありました。馬は極寒の地でもつまりはハダカです。寒くても走ると汗をかきます。その汗が馬のすべての毛に付着して氷だらけになっていたのです。このときぼくにはその馬が神々しくみえました。

ウスチネイラというところで我々にとって最低気温を体験しました。たしかマイナス五十九度だったと思います。米原さんはそういうところでも常に元気いっぱい我々男たちをひっぱっていってくれました。若くして病気でたおれましたが、もっともっと国際的に活躍してほしい、美しき逸材だったと思っています。

二〇一二年一月

人間はこんなにも移動できるのか!?
——『グレートジャーニー　人類5万キロの旅』（関野吉晴著、角川書店）

グレートジャーニーの一巻目の解説はぜひやらせてもらおう、と思った。関野さん本人を知っているし、今回のそのとおり「偉大な冒険旅行」に登場する沢山のサポートの人たちも知っている。そして何よりも彼らが出発点とした、チリ最南端部にある、マゼラン像の立つ公園のある町、プンタ・アレナスは地球上でぼくが一番好きな場所なのだ。

読んでいると馴染《なじ》みのある地名がじゃんじゃん出てくる。場所を知っているから「よくまあああんなところを」という驚嘆もある。

常に変化していくおどろおどろしい雲や人をよせつけない烈風。そこに生きる静かで頑固なパタゴニアの人々。

グレートジャーニーの第一巻は、いろいろな意味でチャールズ・ダーウィンの『ビーグル号航海記』の第一巻を前にしたような熱い興味と期待をもって読み進んだ。

人類はアフリカから誕生したという。彼らはそこから歩きだした。正確なルートはわからないが、ユーラシア大陸のチュコト半島まで行き、氷河期で北米大陸と氷でつながっているベーリング海峡を（おそらくしばしばマンモスなどと）渡り、そこから延々と南下していってパタゴニアの先端までたどりついたのだろう。

ぼくが一番最初にパタゴニアに行ったとき、この長い歴史のなかの旅人の末裔《まつえい》、モンゴル系のヤーガン族の直系の血をひく最後の一人が命をひきとるところだった。そのときはまだ関野さんのグレートジャーニーのプロジェクトは生まれていなかった。とはいえ地元の歴史研究家や、ネイティブの資料館などによって、彼らが途方もない遠いところからやってきた旅人で、ここが行きついた最後の地である、という説明に戦慄《せんりつ》を覚えた。

「なぜにこんなところまで……」

関野さんは、それを自分の足で、目で、肉体で追求し、感じようとした。人類の長い旅のスタート地のアフリカではなく、到達地点から逆に彼らの、何万年か正確にはわからない、遥《はる》かなる民族移動の旅を追求しようとした。

地球のあらゆるところが探検しつくされ、未知なるところはもうないのではないか、と言われている現代に、関野さんの「人間の移動」というものを歴史という名の時間経過を縦軸にすえて、自分の手足でその平面を確認していく、という発想は文化人類学者のそれであった。

そうして世界の多くの人が興味をもっているこの「人類大移動」を日本人が挑戦する、

ということにぼくは最大の拍手を贈りたいと思った。

関野チームの出発地はナバリーノ島だった。何度か行ったことがあるが、軍人の島なので面白みがないと思っていた。しかしここにウキケという集落があり、そこは大移動してきた民族ヤマナ族の末裔がすむ村だという。ぼくは知らなかった。逆回りグレートジャーニーには相応《ふさわ》しい出発点だった。

関野さん新谷さん山主さんの三人でヤマナ族の先祖の墓のある浜からシーカヤックで出発する。

山主さんとは、あるときぼくも一緒にパタゴニアの氷河の上を行く旅をしたことがある。知った顔が、いつ荒れるかわからないビーグル水道に漕《こ》ぎだしていく。なんという劇的なスタートの絵であろうか。

ぼくはかつてマゼラン海峡とビーグル水道、ドレーク海峡をチリ海軍の砲艦リエンタール号で航行したことがある。頑丈な軍艦でいくのでもここらの海峡は恐ろしい牙《きば》をむき、油断がならなかった。

そのときの航海と関野チームの進む方向は逆とはいえ、あの雪や氷河を抱いた見るからに荒涼としたアンデス山脈を遠くに見ながら人類のもっとも長い旅の終点からその先にむかっていく。勇気と目標到達への頑固な肝がすわっていないとできない荒行だ。そうしてぼくはこういう前途多難で途方もない旅に出ていった彼らをじつに嫉妬《しっと》する思いで眺めていた。

この本のいたるところに書かれているように、彼らはあちこちで困難に直面する。パタゴニアの人たちはまじめな気質だが、やはりラテンの血がどこかに流れている。そのおおらかなところが、ときおりのアクシデントにつながっていく。

氷床縦断などは食料や燃料確保のタタカイである。苦悩する関野チーム。しかしこの壮絶な（しかもこれから長い）冒険旅行は、そういう数々のアクシデントをどう克服していったか、というのも読む者の楽しみとなる。いわゆる「本場のサバイバル」をハラハラしながら堪能《たんのう》できるのである。

そのあたりで出てくる一野さんという冒険家ともぼくはパタゴニアの旅をしたことがある。関野チームはみんな底力があって、気持ちのいい連中ばかりだった。

関野チームはやがて自転車で進んでいく。ここでも常に大小様々な問題にぶつかり、それを克服しながら確実に北上していく。やがて有名なチチカカ湖に到達。

ここからはぼくの知らないところだ。チチカカ湖が水不足になっていてカヤックの航行にも困るというのを読んで、驚いた。浮き島がのんびり漂う写真しか見ていないが、関野隊はキッパリ彼らの生活のなかに入っていたのだ。そういう触れあいのエピソードは読んでいるほうも息抜きになるし、楽しい。会話や空気の流れや水の音がきこえてくるようだ。

そのあとに展開されるウィンチリ村の「投石戦争」にはまたびっくりした。世界のあちらこちらにはこういう死の危険を持った「しきたり」のまつりがあるのを知っているが、ここまで本気でやるとは。

グレートジャーニーのこの第一巻は全体のまだほんの一部である。ぼくは読者として、関野さんらのこのタフででっかい旅をまだまだ当分楽しめるシアワセがある。

二〇〇六年にロシアのチュコト半島に行ったとき関野さんを案内してきたというユピック（ロシアの海浜狩猟民族）と会った。こんな辺境地にやってくる東洋人はめったにいないからよく覚えていて、ぼくも同国人として嬉《うれ》しかった。

さてここを通過するグレートジャーニーは何巻目になるのだろうか。それも楽しみに待っていることにする。

関野さんのこの長い旅の途中（一九九八年）に第三回植村直己冒険賞がきまった。ぼくはその賞の選考委員の一人なのだが、満場一致となって満足した。関野さんは本業は医者だが、人柄はおだやかで知的な学者みたいな人だ。この人のどこにこんな図抜けたパワーと根性が、と思うほど、彼のやっていることと彼の日常の気配には不思議な「ひらき」がある。

とにかくこれは偉業といっていい旅であり、確実に歴史に残る旅となるだろう。

二〇一〇年一月

厳しすぎる仕事

仕事はたいがい厳しいものだが、世界でもっとも辛《つら》い仕事ばかりを集めた『図説「最悪」の仕事の歴史』（トニー・ロビンソン著、日暮雅通ほか訳、原書房）を読んでいると、わがこの程度の仕事、辛いなどと言ったら神様に怒られる、と誰でも思うのではないだろうか。

たとえば一六六五年のロンドンは三つの種類の違うペストに襲われており、いちばんひどいときで毎日一万人が死んだ。このペストで死んだ死体の運搬埋葬人という職業があった。ペスト感染にもっとも近い立場にある。彼らには「近づくな」という印に赤い杖《つえ》や棒が与えられ、墓守小屋にみんなまとめて住むように強制されていた。その頃、ペスト菌を防ぐには煙草《たばこ》の煙が効くといわれており、埋葬のとき（たいてい大勢の死体を穴に放り込む）は彼らによる煙草の煙がいっぱい漂っていたらしい。

『トイレの話をしよう』（ローズ・ジョージ著、大沢章子訳、NHK出版）は世界のトイレ事情を鋭くルポした力作だが、このなかでもっとも悲惨な職業のひとつとしてインドのスカベンジャーの話が出ている。
インドにはいまだ根強いカーストが個人の生活や人生を強固に縛っているが、カーストの下にさらにアウトカーストという最下層の人々がいて、素手と空き缶で便所の糞便《ふんべん》を集める仕事をしている。集めたそれを籠にいれて頭もしくは脇にかかえ、汚物溜《おぶつだ》めに捨てに行く。主に女性の仕事だが、子供の頃からこの仕事をしており、その女性の子供もスカベンジャーとなって一生を終える。統計によって幅があるが、四十万人から百二十万人がスカベンジャーである、とこのルポは語っている。報酬は個人に雇われている場合月に一軒分として五ルピー（約十円）。自治体に雇われている場合は三十ルピーという。

三冊めは美しく厳しい「仕事」。インドの最北部にあるザンスカールはヒマラヤ山脈の標高三五〇〇メートルのところにあり、雪と雪崩によって一年のうち八カ月も外の世界から孤立してしまう。けれど一年で一番厳しい零下三十度にもなる厳寒期に三八〇キロ先にあるラダックに通じる「ルート」ができる。

山脈から流れる渓流の淵が氷結し、そこをつたわって川の上を歩いて行く。小さな子を含む十人ほどの死と隣りあわせの〝仕事の旅〟が凄絶《せいぜつ》な写真とともに語られる。『**凍れる河**』（オリヴィエ・フェルミ著、檜垣嗣子訳、新潮社）はひたすら感動的だ。

「東京新聞」二〇一二年六月三日

旅ジャンルではインド本が一番多い

——『河童が覗いたインド』（妹尾河童著、新潮文庫）

インドはてごわい国だ。

理由はいろいろあるが、簡単にいえば「よくわかんない」からである。

たとえば、インドは神サマの国で、写真や本で見るとあっちこっちにいろんな神サマがいるらしい。大体がインド的に実にしつこい色でしつこい顔をしているが、時おりゾウ顔の神サマがいたりしてディズニーランドみたいでやっぱり油断ができない。舌をベロンと出している、つまりアッカンベーの神サマを見たとき、ぼくはインドのてごわさを具体的に見てしまった——と思った。

だからインドに行く時いろいろ考えた。

ぼくは外国へ行く時、事前にその国の様子を本などで調べる、ということはあまりしない。ぼくの旅行はその旅のルポを書く、ということを目的としている場合が多いので、ヨソの人の書いた本でいろいろ先入観をもってしまうとまずい、と考えているからである。

インドへ行く時もそのつもりでいた。

ところが、ぼくがインドに行くということを知って、まわりの人々がなんだかやたらとインドに関する本を持ってきたり、送ってくれたりするのでどうも困った。そうなるとついパラパラと見てしまう。そしてアッカンベーの神サマを見てしまったのだ。

いろいろ送られてきた本の中から『インドで考えたこと』（堀田善衞著、岩波新書）だけ持っていった。

そうしてインドをひと回りしてルポを書きそのタイトルを格調ある堀田氏の本のタイトルの道化みたいな『インドでわしも考えた』というふうにした。

まったくこの人（ぼくのこと）はナニゴトにも単純に影響されやすいバカルポライターなのである。

インドに関する本はゴマンとある。本当にゴマンとある。

おそらく国別に書かれた本の数ベストテンなどというものをやったらインド関係がダントツ一番だろうと思う。経験上二位はたぶんアフリカである。

ぼくはこれを書くと一週間後にパタゴニアというところへ行く。行くのは二度目だが、ここなどは七年前に最初に行った時、この地方のことを書いた本は日本に二冊しかなかった。

この時は自然や気象の情報を知りたかったので書かれた本を事前に積極的に捜したの

だが、そういうことだったのである。

インド関係の本はゴマンとあるから、当然その見聞録もピンからキリまである。インドのようなまことに不思議な国は、旅をして帰ってくると、それに関して書いてある本が面白くなるもので、ぼくも帰国後あっちこっちでインド本を見つけてきてはむさぼり読んだ。

もともと本が好きなのでこうなるとものすごい量の本を読む。その時インド本の多さにつくづく驚いた——というわけなのだ。

ゴマンとある中から面白かったインド本をあげると次の五点だった。

『インドの大地で』（五島昭著、中公新書）
『インドを食べる』（浅野哲哉著、立風書房）
『インド放浪』（藤原新也著、朝日文庫）
『ゴーゴー・インド』（蔵前仁一著、凱風社）
『嫁してインドに生きる』（タゴール暎子著、ちくま文庫）

インドはああいう国なので、なんとなく行けば誰でもなにがしかのことは書ける。

ぼくの書いたバカ本を読んで、読者が自作のコピー本（十部限定なんての）を送ってきてくれたのでパラパラやったが、これなど本音ばっかりなのでけっこう面白かった。タイトルは『インドの風に吹かれなさい』というのだ。ハイハイ、とうなずきましたね。

でも逆にこれだけ沢山の人がインドについて書くのだから本当に面白い本となると厳しく限定されてくる。たとえばぼくが一冊インドに持っていった『インドで考えたこと』はインド本の名作とされているが、帰ってきて読みかえしてみるとそんなにずばぬけて面白いものでもない。書いたり考えたりしていることはたしかに哲学的でいかにも奥の深い思慮思考を横溢《おういつ》させているが、いわゆる下世話な（つまりは本音の）話題や興味に触れることが少ないのでもどかしい。

縁日の見世物を見に行って歌舞伎論を聞かされているようなこっち側の混乱がある。インドの本当の面白さを味わうのには、やはり地を這《は》うようにしてインドを歩かなければ駄目なんだなあ、とその時思った。

『河童が覗いたインド』を見た時、ぼくはついに〝輝け！　インド本第一位〟が出たぞ、と思った。コーフンしてむさぼり読んだ。

この本はまさにインドの地べたを這うようにして書かれているので、もどかしさがまるでない。（事実河童さんは巻尺を片手にあちこち這いつくばってこの本を書いたのだから形容にこまる。）

妹尾河童さんには前に一度会っているだけだったが、この本があまりにも面白かったものだからすっかり河童さんのファンになってしまった。

そうして、こんなに面白い旅話を書く人はいったいどういう人間なんだ？　という興味のもとにいろいろ「人間河童の研究」ということを手がけていったのである。手がけた、などというと大袈裟だが、まあつまり河童さんの著書や発言を手あたりしだいに読んでいった、というわけだ。

そこでわかったのは河童さんは稀代のオールマイティ全天候型天地上下前後左右拡大縮小自由自在タイプの興味津々人間である、ということだった。

ぼくもあっちこっちの旅をしているからわかるのだが、いい旅とムダ旅をわけるのは単純にその人の興味と感受性の問題であると思っている。

このあいだ久しぶりにパリに行って、見たくもない多くの世界最凶最悪の日本人買物軍団をまたいくつも見てしまったが、あの人たちの姿がハタから見ていてどうして醜く不快であるかというと、そのふたつ（つまり旅する者の興味と感受性）がまったく欠落しているからだろう、と解釈した。

買物軍団にあるのは物欲と食欲だけである。あれではどこの国へ行っても見るものもやることも同じなのだ。

河童さんは〝恐怖の興味人間〟である。だから河童さんのこの本は河童さんにしか書けない旅の本である。

この本はまずそこのところが素晴しい。

同時にすぐれた芸術性を持ち、さらにおどろくべきは、すぐれて本質的なインド天地のガイド書にもなっていることだ。いやはやまいった。

冒頭インドの紙幣とホテルの部屋の内側を克明に紹介しているところなど、他のどのインドガイド書よりもわかり易く役に立つ。

ところでその後ぼくの河童さん研究でさらにあきらかになったのは、その面白がり方が「いたずら小僧」の神様そのものである、ということだった。

過日ある場所で河童さんがひらいた原画展の附属展として『河童がぶんどったタカラモノ展』というミニ展が併催されていて、その出しものがなかなかすごかった。ざっと一覧表にするとこんな具合である。

(品　名)	(ぶんどった相手)
オットセイの頭蓋骨《ずがいこつ》	養老孟司
のらくろのお面	佐藤愛子
使用済みの石鹼《せっけん》の山	加藤芳郎
ニセ零円札と韓国の李朝《りちょう》の錠《じょう》	赤瀬川原平
小石に手描きの動物を二コ	和田　誠
チェコのカルロビバリーで買った温泉を飲むための壺《つぼ》	藤森照信
池田満寿夫さん作の壺	池田満寿夫

ビンの中に入った折り鶴　佐野　洋
サンフランシスコで買った鍋つかみ　山田太一
ぬいぐるみの目玉のコレクションと一八世紀のミジンコの図版　荒俣　宏
坂本龍馬のピストル（レプリカ）　椎名　誠

おお、なんとぼくのところからぶんどっていったものも加っている。こういうふうに一覧表にしてしまうと整然としすぎてオドロキもやや薄まるが、現物を見ればはっきりいってガラクタに近いシロモノばかりである（池田さんと和田さんのをのぞく）。おそらくパリなんかで徒党を組み、グッチやエルメスの店に札束握りしめて乱入する日本人観光客などがこれらを見たら「やっだあ！」のひとことで放り投げられてしまいそうなものばかりだ。

そういう品々をタカラモノとして机の奥に大切にしまい込んでいる河童さんの興味と感受性が本書の真骨頂となっている。だからこそ、河童さんに覗いてきてもらいたい国が、インドに続いてゴマンとある。

『河童が覗いたアフリカ』なんてすぐさま読みたい。メキシコ、シベリア、マダガスカル、チベット、モンゴル、インドネシア……きりがない。

河童さんは最近は水槽の中のミジンコ王国をずっと覗いていて、これもまためちゃくちゃ面白いことを座談会などで語っているのだが、河童さんのこの偉大な浮遊する超微視感覚はミジンコの生態とよく似ていて、ああなるほど、まいりました！　と思ったものだ。

一九九一年三月

ひとりひとりの旅の方法——『ぼくは旅にでた』(杉山亮著、径書房)

長瀞の自宅を出て十日目頃に八ヶ岳を越えて芝平峠というところに着いたあたりだ。小さな廃村集落があった。かつて人が生活していて無人になってしまったところというのは、どこか生活臭が残っているのに人の姿はないから、真昼なのにあまり気持ちのいいものではない。

一軒の、床板も戸もはがれたような家の庭で旅人は庭に放置された錆のうきでた洗濯機を見つける。それを使っていた家主がはるかむかしに去ってしまっても、洗濯機だけが「殺気を放っているようだ」と旅人は怯える。

大きな犬の前を横切る時のように、緊張を押えこむように隠して素知らぬ顔で通過した。

背中にはっきりと洗濯機の視線を感じた。

汗をかいた。

——という描写がある。

この旅人の飾りのない素直な表現から察せられる、とても気だてがよく、そして賢い妻と、四歳と二歳の可愛いさかりの子供を自宅において「なぞなぞ工房」という木のパズルや迷路を作って各種お土産とともに売る店をなりわいにしている三十三歳の夫（であり父）が、とくに深刻でもなく強烈でもない動機によって、ある日家をでて、旅人となる。発端は唐突であり、ある意味ではまことに自分勝手な旅だちから、話は始まる。

この全体に静かな筆致でありながら、どこか人生的な苛立ちを内包したような旅人は、かつて登山家として幾多の山行を経験し、幕営やそれによるキャンプなども慣れているから、長旅のコツはそれらの体験からきちんとこころえている。

とにかく荷物はできるだけ軽く。シャツ一枚であってもザックに入れて持って歩くのは余分だというものだ。だからシャツは一週間着つぶして捨ててしまい新しいのを買う、という作戦をとる。重量の軽減と手間（洗濯など）の省略だ。季節は六月。雨は覚悟の上だが、山は夏にむかっていく。旅の時期を読む力も経験値にもとづいている。

けれど歩きはじめて何時間もしないうちに、そうしたかつての経験など何の役にもたたないことを旅人は全身で知ることになる。

山への登攀がきつい。十分歩いては五分休む、というおよそ登山経験者らしからぬていたらくに旅人は困惑する。若い頃からくらべてせりだし気味の腹も、そうした歩く旅にいつのまにか負担になっていることを否応なく知らされるのである。

　けれどそれでも旅人はあえていくつもの山や峠を越えていくルートを選ぶ。当初登攀のきつさに驚いた旅人ではあったが、あえて土の道を、あえて起伏の激しい道を選ぶ。

　旅人がそれを意識しているのかどうか、当人の思惑や独白のなかでは語られていないが、むかしの旅人と同じように自分の足で進んでいく方法に固執する。バイクや自動車で簡単にたちまち目的地に到着してしまう「現代の旅」にはひたすら背をむける。この本の魅力の最初は、この「旅の方法」にあるといっていいだろう。

　今の日本は世界でも稀なくらい道路網の充実した国になっている。昼夜問わず、クルマは猛烈なスピードで突っ走っていける。

　どんな長距離を移動してもそれはもはや「旅」とはいえないだろう。

　ぼくはかつてチベットの四千メートルの高地でジグザグの道を走っているときに転覆事故を起こしたことがある。回った道路の角に長くて太い石が落ちて横たわっており、それに車輪をのりあげて転覆してしまったのだ。一回転だけですんだから生き延びたが、もう一回転すると百五十メートルの断崖下だった。もちろんガードレールもなく、石の倒壊を事前に知らせる道路監視体制もなかった。

　別の国に行ったら日本の道路を走るように無警戒で行くのは死につながる、という発見と体験をした。

そのとき日本の道路は世界一メンテナンスの行き届いた（逆にいえばクルマ最優先の）特殊道路なのだ、ということに気がついたのだった。

本書の旅人は、クルマの走る舗装道路を極端に嫌う。それは簡単にいえば「人間が歩く旅の道としては非常に厳しく冷淡」だからである。例えば歩く旅人にとってはストレートに足に影響する。舗装道路は旅人の足にいくつもの豆をつくり、それが歩くリズムや進行速度にモロに影響する。だから旅人は、舗装道路のトンネルを行けば十分間程度ですむところをその十倍の時間をかけて峠越えのルートを選ぶ。

こういう選択は、実際に足の裏から血を流して歩くことをしてみないと絶対にできないことであろう。

山の土のルートを行くことによって旅人は、いままでの都会生活では感じることのなかった、懐かしいむきだしの「自然」の風景や音や空気に触れる。

そして読者は、そういうことの描写に心を和ませることができるのだ。

この本はだから、いたるところで不思議な魅力を読む者にふりむけてくれる。単なる登山記録だと、いかに苦しみながらもその登攀に成功したか、などという奮闘記録として読んでいくしかないが、この本では、登山も旅のうちであり、峠も頂上も通過点でしかない。

ひとつの山のピークを越えると、その山のむこうがわとは違った文化を継承し、価値観を育てている別の山里の人々の世界に入り込む。

そこは「山のむこうの何か」である。遠い昔から旅する人が抱いた視線の彼方への期待や失望が、現在も存在するのだ、ということを読者は知ることができる。

その山里にいたると、そこに住む人々の生活の断片をかいま見る。いい描写がいたるところにある。

高山「飛騨の里」の春慶塗りの店で、旅人と同じ歳ぐらいの男が仏像の一刀彫りに集中しているのを見る。工程が一段落した頃、男が立ち上がって膝についた木屑をポンポンとはたいた。とたんにふすまの向こうから「おとーさんお仕事おわったあ?」という幼児の声がした。男がふすまをあける。奥の小部屋で三歳くらいの男の子がちょこんと正座して、一人で絵本のページをめくっているのが見えた。

旅人はそこでその一家の背景を少し頭に描き、なんだかわからないが(幸せになってくれよな)と思うのである。

それ以上のことは語られない。このとき旅人は長瀞に残してきた二歳の自分の息子のことに遠い思いがいたったのか、何も語っていないのでわからないが、こういうあっさりしたところがいい。

ここで、旅の哲学とはなにか、とか、旅と人生はどこでどんなふうにかかわるのか、などということを深く語られても困る。そういうものを飛び越えて、旅人はそのあと高山駅前のパチンコ屋で四百円の投資で六千四百円稼いだ、などという話を語ってくれるのである。

この本の魅力のもうひとつは旅先で出会う人や風物にたいする独特の視線だが、とくに効果的なのは、何か考えようとするとき「自分」と「彼」というような語りかたで、内なる思い、迷い、葛藤、などを思考のなかで対立させせ分析しようとしていることである。

旅人が、常に考えているのは、なぜ自分はこうして旅に出たのだろうか、という単純な思いである。やむにやまれぬ動機があって野に出てきたわけではないのだから、その答えはなかなか見つけることができない。ここで強引に何かにこじつけて回答を求めようとすると、読む者は少々辛い気分になるのかもしれない。

三つめの興味は、安旅をテーマにテント泊に固執する顚末だ。一人の旅では無人の野でも町なかでも、ちょっとした郊外でも、テント泊はなかなか難しい時代になっているということが語られる。ここでもある公園でテントを張って寝ていると、バイクで来た三人組の男がいかにも聞こえるような声で「国立公園にテント張るのは禁止だよな」などとまことに日本的なことを言う話が出てくるが、この国の「人間の精神よりも規則大好き」の間抜けな構図がよく出ているエピソードだ。ぼくはこの旅のように一人でテントを張って、例えば日本を一周するような体験記本をかなり積極的に読んでいるが、その地域の日本人は、田舎に行くほど「よそもの」が公園などに寝ていることを警戒する。寺の境内などにテントを張りたいと申し出ると一番排除的なのが、本来、人を助ける立場にいるであろう寺であったりする。

この本の旅人にはあまりそういうトラブルがないのは、山を越えていく旅で、幕営が基本的によく似合っていたからなのかもしれない。私事だが、ぼくは南米などのキャンプ旅で一番怖かったのはアメリカライオンや毒蛇などよりも、山の中にいるネイティブであった。彼らにとって山の中で寝泊まりしている外国人は何を考えているかわからない恐怖の対象だし、こちらにとっても同じなのであった。そういう意味で宿泊トラブルがこれほど少ない旅は、この旅人の幕営地探しの目と、人柄のよさが関係しているのかもしれないと思った。

サブタイトルに「または、行きてかえりし物語」とあるように、この本の旅人はある地点で「帰る」場所をみつけ（たぶん）心のうちで何かを納得して帰路についたのだろう。それをくだくだ書かないのもニクイところで、なかなかの名文が、読者にそのあたりのことをいろいろに考えさせてくれる素地になっているように思う。旅人は、帰りにはもうどこまでもいくらでも歩ける体力と気力を自分のものにし、出っぱりはじめていた腹もきちんとへこましていた。

初版から二十年経って再版しようとする径書房の心意気に拍手したい。そして本書はそれだけの意味と深みをもった作品である。

二〇一三年五月

ふわりとあてのない旅に出る人――『旅で眠りたい』（蔵前仁一著、新潮文庫）

蔵前仁一さんが発行している月刊『旅行人』がまだ『遊星通信』というコピー紙作りだったころから、彼の文章と軽やかなイラストのファンであった。ということは、〃蔵前さんの旅〃のファンでもあるのだ。

僕自身も旅が多いので、これまでずいぶん様々な内外の旅の本を読んできた。書店に行ってもまっさきに旅の本が並んでいる棚を見にいくし、新聞の出版広告もそういったところにまず目が行く。

初めて蔵前さんの旅の本を読んだのがいつ頃なのか、正確には覚えていないが、何気なく手に取った一冊を、何気なく電車のなかで広げ、二、三ページ読むうちにぐいぐいと彼の旅の中に没入していったのだ。

蔵前さんの旅は、とりあえず身の回りのものをコンパクトにまとめて背中に背負い、てくてくと歩きはじめる。時により状況に応じ軽やかに自由に様々な行き方で旅を続ける。出会う旅の風景や食べ物や人、動物などと接触し、気負うこともなく気張ることもなく臆することもなくきわめて柔軟にその国の文化や風土、体温や匂いや気配などと融合する、という一連のスタイルを軽やかに貫いている。

そういう旅の仕方をする一群がどの国にも厳然とあって、彼らのことをバックパッカーと呼ぶ――ということを僕はこの蔵前さんの本で初めて知った。

蔵前さんの本にたちまち没入していったのは、同じ旅好きの人間からみても明らかに羨望の思いがあったからだ。身一つで自由に風のように好きなところを動き回っていくという旅のスタイルはまことにうらやましい。

特に彼の初期のころの旅は、ストイックなほどに徹底的に経費切り詰め策を貫いていて、そのへんのことも飽食国家日本に住んでいる者からみると清々しく、そして精神的にはとても贅沢なことに思えたのだ。

僕もいろんな国に行っていろんなことを見聞してきたが、総じてよその国々は、発展途上国の人も先進国の人も旅する人は基本的に質素である。大金を持って豪華な宿泊をし、みやげ物に大枚を投じ、結果的には無謀とも言えるような大金をバラまいているような旅をしているのはどうやら日本人だけらしい、ということに気がつく。日本にやって来るいろんな国からの外国人旅行者の質素な倹約ぶりを見てもそのことはよくわかる。それはとりも直さず旅行者としての日本人は世界的に言うときわめて初歩的なレベルにいるということであるのかもしれない。

そういったなかにあってこの蔵前さんのとっている旅のスタイルは、見事にスマートである。

そうだ、思い出した。一番最初に読んだ蔵前さんの本は『ゴーゴー・インド』であった。インドは僕も旅しているので、そこをどんなふうに歩いたのだろうか、よその旅人の話も知りたいと思って読んだ一冊である。

蔵前さんのインドの旅は実に軽やかな驚愕に満ちていて感動的だった。蔵前さんの人柄によるところも大きいのだろうが、彼は出会ったものに対して決して大げさに驚嘆したり落胆したりすることはない。飄々という言葉があるが、まさしく彼の旅は飄々としている。

見るものや出会うものを、旅立つ前の日本にいるときとほとんど変わらないような感覚でとらまえ、体験談や思うところを淡々と綴っている。

蔵前さんはまたイラストレーターであるから要所要所でそんな体験を絵に描いている。その絵もプロの技であるから特徴をよく捉えていて、いかにもその場面を彷彿させる効果を持っていて、絵を描ける人は旅行記を書く上で非常に有意義な力を持っているのだなあと思うのである。

『ゴーゴー・インド』の次に『ゴーゴー・アジア』が出た。僕の知らない国がたくさん出てくる。蔵前さんの泊まるドミトリーという安宿に、アジアで何軒か泊まったことがあるが、これほど徹底した安宿泊まりはしたことがなかった。沢山の人たちと一つの部屋で共同生活のようにしてすごすというのは実に不安と期待に満ちて、旅ならではのものである。

彼の行くところ、おもしろいことに必ずヘンテコな人が出てくる。その国にあってその状況にあっては決してヘンテコではないのだけれど、日本人の感覚で言えばいわゆるヘンな人、である。その人たちとの交流が屈託なく殊更に恐れたり怯えたり嘲笑《ちょうしょう》したりすることもなく、常に自然体である。

『ホテルアジアの眠れない夜』という一冊は、それこそ僕自身なにかの精神的な高揚あるいは落ち込みがあったときに寝る前によく読む一冊だ。何度も読み返す。この本を読むと自分がしてきた旅とダブってきてその頃のことを思い出し、それは決して楽しいだけでなく、あるいは苦しいだけでなく、要するに悲喜こもごもの記憶なのであるが、そういったものが彼の本を読むことでじわじわと蘇ってくる。蔵前さんの旅を読みながら自分の旅のことを思い返し、「ああそうだ、あの時自分もこんなふうに眠れなかったなあ」などと思い出しながら寝入ってしまうという効用があるのだ。

この本の中にもあるが、例えばアジアの片田舎の寂れた宿などに泊まる。日本で言えば、田舎であればあるほど静かでのんびりと快適な眠りを保証されるもの、という感覚があるが、アジアでは断じてそんなことはなく、田舎になるほど騒々しかったりするのだ。例えばアジアの田舎はたいていニワトリが飼われている。ブタを飼っている家も多い。犬も多い。ロバや山羊《やぎ》もいる。夜明けなどは村中一斉にニワトリが鬨《とき》の声を上げる。ブタも大騒ぎをする。犬も吠《ほ》えまくる。うるさいのなんの。おかげで大抵とんでもない早起きを強いられるのである。農村の朝が早いというのは、実は農家の人々が働き者で早起きだからなのではなく、農村の朝が騒々しいからだということを僕もアジアの旅で理解したことがあるのだ。

そんなようなことも蔵前さんの本のなかでは生き生きと描かれている。「そういえば数年前、こんな蔵前さんの本に出てくるような所で眠ってひどいめにあったなあ。それに比べるとなんと今はこの自宅のベッドで眠りの直前の静かな気配よ」——蔵前さんの旅の本を読んでいると、すなわちそんな気持ちになり、やがてゆったり柔らかい眠りの誘いとなっていくのだ。

もう一つ、蔵前さんの旅は徹底して時間を忘れさせてくれる。蔵前さんの旅が時間に縛られていないからだ。この『旅で眠りたい』もそうだが、出発してとりあえず一年ぐらいを目標に、いつ日本に帰るかわからない、などという旅の贅沢さを僕はまだ知らない。その一言だけでも僕は頭がくらくらするほど彼の旅に嫉妬《しっと》する。

蔵前さんの旅には京子さんという、蔵前さんの絵からいかにも友達夫婦といった感じを受ける、心優しくしかも中々にたのもしい相棒（奥さん）が登場する。お二人の自由な気概に満ちた旅の周辺の出来事は、それそのものが旅のおもしろさになっている。一日とか一週間という期間や、日本の枠組みに縛られないこのお二人の旅は、もしかすると日本人のなかでは最も贅沢なスタイルなのかもしれない。いや、もしかすると、でなくまさしくそうなのであろう。

『旅で眠りたい』は第一章タイトルである「長い旅へのあやふやな出発」が象徴するように、蔵前流の旅の仕方を最もオーソドックスに描いたもので、旅は日本の東京から始まる。出発するもまたもやいきあたりばったりの旅の始まりだ。東京を出て南下し台湾まで行くのに約一カ月かかる。その間気負うことも焦《あせ》ることもなくのんびりとじわじわと都会を離れ、南下していく。昔々の東海道中膝栗毛《ひざくりげ》を彷彿させるようなもっとも古典的な、しかししっかり移動していく風景を見据えたまさしく「人間の旅」である。

台湾からタイにインドにパキスタンに、そしてこの章タイトルにもあるように不思議な不思議な中近東の国イランを経てトルコに向かう。計画と時間の拘束のない旅は何が起こるかわからない。僕は蔵前さんや京子さんと一緒になってこの贅沢な旅をし、時にはらはらし、時にそこで起きた出来事に再び嫉妬し、時に満足し——読んでいるだけにしては当方はまことにもって忙《せわ》しくも有意義な旅に同行させてもらっている。蔵前さんの本が沢山の人気を得ているのは多くの読者もそんなふうに彼の自然体の旅に共感し、一緒に旅をしているからであろう。

旅から帰ってきた蔵前さんは、その旅の話を本にまとめ、自分がやっている会社の仕事に戻り、やがて次の旅へのプランをじわじわと固めていく。そしていつかあるときまたふわりとあてのない旅に出ていく。

この蔵前さん流の旅がずっと続いていくことを僕は望んでいる。一つの旅が終わるとまた新しい旅を想起する、という気持ちは僕にもよくわかる。読者も同じ気分だろう。

アジアが好きな蔵前さんだが、このいつもかわらない旅のスタイルで彼にはもっともっと様々な国を旅してもらいたいと思う。そうしてゆくゆくは世界中を駆けめぐり、世界中の旅の話を書いていただきたい。蔵前流全世界紀行全集を書いていただきたい。

一九九九年一月

流れる旅、雲を見る旅――『日本の川を旅する』（野田知佑著、新潮文庫）

ぼくはいま北東シベリアのハンディガという村でこの原稿を書いている。ここはもう北極圏に近いので夜十二時をすぎても外はまだ本を読めるほどに明るい。人口二百五十人。商店が一軒に小さな仮宿泊所がひとつ、そしてソホーズ労働者用のレストランがひとつ、というすさまじいまでになんにもないところだ。

昨日までこんなところに来るつもりはなかった。ここからさらに四百キロほど北にあるウスチネイラという町に行く予定だった。ところがそこは切り立った山肌の上にあるので常に天気が不安定で今日も突然雨と風が吹き荒れてきて飛行機が着陸できなくなり、こんな辺境の村に降ろされてしまったのだ。そしておそろしいことに次の飛行機は何時《いつ》飛ぶかわからない、ということだった。ソ連のアエロフロートは飛べないとなったら一週間でも二週間でも平気で客を待たせておく、というので有名である。

ぼくはすこしぐったりし、仕方がないのでウオトカでも飲んで酔っぱらっていよう、と思った。ところがゴルバチョフ政権のアルコール依存症絶滅強硬策によってこの村には酒類は一切「ニェット《ない》」と言われてしまった。そこであわててトランクをかき回したのだけれど、この一カ月ほどのシベリア横断旅行に持ってきた本のあらかたは読み終っていた。

「ああ！」とぼくは思った。そしてそのあとふいに野田さんの顔が目に浮かんだ。そうだ、野田さんもこういう絶体絶命の状況を何度か体験しているのだ——ということを思い出したのだ。あれはたしか二年ほど前のことだった。野田さんはカナダから北極圏へぬける巨大な河をたった一人で三カ月近くもかかってカヌーで下っていた。酒をのまないネイティブの村が三〇〇キロごとに一カ所ぐらいしかないところなのでじきに酒を切らし、読む本もなくなり、白夜の大河を何日もかけて下ってきたのだ。

「酒が体中からすっかり切れるといいね。頭がスッキリしてとてもいいね」と、帰ってきたとき野田さんはなんだかまるでスッキリしていないボウーッとした顔とフヌケのような声でそんなことを言っていた。

そのことを思い出すとぼくはすこしだけ元気になった。そうだ、野田さんはもっとひどい状態で何日も流れ続けていたのだ、と思った。そうしてこの貴重な〝スッキリ〟の日々に野田さんの新しい文庫本についての原稿を書こう！　と思った。そこでぼくはベッドしかない仮宿泊所のあちこちから机がわりになりそうなものを捜してきて部屋の隅に置いた。そしてロシア製のインクボタボタ型のペンを取り出した、というわけなのだった。

さて、それでこの野田さんの本だけれど、ひと口でいうとこれは日本の旅ルポの名作である。考えてみるとぼくはこれを四回読んでいる。最初は雑誌『旅』に連載しているときだった。「日本にも素晴しいことをしている男がいたんだなあ、いいなあ」と思いながらこの連載を楽しんだ。二回目は単行本になったときだった。通して読むと自然や人間や男の生き方に対するこの人の一貫した考え方というのがよくつたわってきた。そして「素晴しく自由で強い人なのだなあ」と思った。三回目に読んだのは野田さんと知りあいになってカヌーの乗りかたをおしえてもらったあとだった。そのとき野田さんというのは「実に文章のうまい人なのだなあ」ということに気がついた。それまでは日本の川を北から南までとにかくずっとくまなく下っていく、というなんとも心ときめくロマンの世界とそこに書きだされている様々な野田的思考の方ばかりにすっかり魅《ひ》きつけられてしまって文章のおそるべきそのうまさにまで気がつかなかったのだ。四回目はこの小文を書くためにイルクーツクからヤクーツクという中央シベリアの旅の途中で傍線をひきながら読んだ。読みながら何度も「オノレ！」と思った。「チックショウ！」と思った。

たとえばそれはこんなあたりを読んでいたときだ。

『アユをブツ切りにしてフキと一緒にミソ汁を作る。ご飯を炊き、吹き上った飯盒《はんごう》の中に三匹のアユを頭を上にしてつっこむ。蒸した後、アユの頭を引っぱると身がとれて骨だけ抜ける。ショウユを入れてかき回し、アユメシだ』（長良川）

ぼくはもう一カ月あまりアブラ肉とボルシチとたっぷりバターたっぷりミルクのこの国の食いものにいささかうんざりしていた。

あるいはまたこんなあたりで「うむむ……」と思った。

『確かに川旅は〝男の世界〟である。自分の腕を信頼して毎日何度か危険を冒し少々シンドクて、孤独で、いつも野の風と光の中で生き、絶えず少年のように胸をときめかせ、海賊のように自由で――』（釧路川）

ぼくの目下の四角四面原則だらけの融通のまったくきかないロシアの旅の身からするとこの一文などは歯がみしたいほどうらやましい野田さんの考え方と生活そのものが簡潔に語られていた。日本で読んだときよりもその語りかける意味が百倍もすさまじくつたわってくるのだ。

野田さんはやっぱり男がだれでもあこがれるような自分の世界をきっちりつくっている人なのだなあ、ということを改めて明確に感じとれたような気がしたのである。

ではもうすこし順を追ってこの「野田知佑の世界」の《解釈と鑑賞》に挑みたいと思う。

半年ほど前の冬の日、ぼくは小学校六年になる自分の息子を連れて野田さんと千葉の海に釣りに行ったことがある。釣り好きな野田さんとぼくの息子は早速堤防の下で仕掛けの準備をはじめた。ぼくは堤防の上に立ってしゃがみ込んだ二人を眺めていた。晴れていたが風がつめたかった。ぼくの息子は何かに夢中になるとズボンからシャツや服が脱け出て腹や背中が出ていても平気でそのままでいることが多い。思った通り息子の服はズボンの上二〇センチぐらいのところまでがまくれあがっていて背中がそっくり寒風の中に出ていた。そのときフト隣を見るとなんと野田さんの背中も同じように二〇センチぐらいムキ出しになっていたのだ。

ああそうか、いま野田さんは十一歳の少年と同じになっているんだ……。

ぼくはそのふたつの「あいた背中」を見て何か妙にやるせないようなうらやましさ、といったものを感じた。果して自分には今、寒風の中に背中を出しても気づかないくらい熱中できるものがいくつあるだろうか？　そんなことを考えてしまったのである。

《野田知佑は十一歳の少年の心を持った冒険家である》野田知佑の世界を鑑賞し満喫するカギはこのあたりにまずひとつひそんでいるような気がする。

『春の小川を行く。スミレの群落が岸を彩り、フジの花が川の上に垂れている。春先にこのような小さな流れを漕《こ》ぐのはカヌーの楽しみの一つだ。フネの上から手をのばして花を摘み、ツクシを採りつつ下る』（江の川）

『風の中で生活する習慣がつくと、いつも体の周りの空気が動いていないと気分が悪い。

家の中の淀《よど》んだ空気が耐えられない』（尻別川）

川を愛し泳ぎまわる魚を愛し野の草や風にこころをなごませる野田さんの世界をいたるところにあるこういう文章から垣間《かいま》見ることができる。

ぼくは知っているのだが、東京の酒場で酒をのんでいるときと違って、川を下っていくときの野田さんというのは本当に少年のように眼が輝いている。ただし彼はゆるやかな川のとき、たいていウイスキーをラッパのみしながら下っていくのでそこのところがちょっと十一歳の少年の眼とは別ものになっているけれど、でも基本的にいい顔だ。

そして川の流れにフネをまかせ、ウイスキーにすこし酔いながら次々に変っていくあたりの風景に身をまかせていく、という状況というのは現代人にとってとてつもない贅《ぜい》沢《たく》な世界のような気がする。我々が少年だった頃は誰もがそうやって空や地面や水の中を自分のものにしていたのだ。

野田さんは時おり「この川の風景はみんなオレのものだ……」という書き方をする。それから「この流れの中のサカナはみんなオレのものだ」という書き方もする。

そして野田さんは川の中に潜ると本当に手づかみであっという間にいろんな魚を獲《と》ってきてしまうのだ。初めて見たときは驚いた。手品を使ったのではないかと思ったくらいである。

「どうしてそんなことができるのか」と聞いたことがある。すると川の中に潜っていくと魚たちはみんな岩の下にかくれる。さまざまな種類の魚がいる。大きいのもいれば小さいのもいる。必要な魚を必要な分だけ岩の下に行ってつかんでくるだけですよ、と笑って教えてくれた。

ぼくはエアタンクを背負って海でのダイビングを時々やるので「スキューバダイビングだったらそれはもっと楽にできますね」とバカな質問をしたことがあった。するとそのとき野田さんはあきらかにぼくをすこしケイベツした顔つきで、

「エアタンクでやるとせいぜい一日二時間ぐらいしか潜れないでしょう。ぼくは一日中潜っていたいんです。それに魚を獲るときはこちらも生きものとして対等にいきたいと思うんですね」と言った。

『ビーパル』という雑誌で野田さんが「この川のサカナをみんな食ってしまう」というようなことを書いたらバカな読者から「ザンコクだ」とか「カワイソーだ」などという投書がいくつかきたらしい。ぼくは野田さんぐらい生きものをいとおしみやさしい眼を向けている人はめったにいないのではないかと思っている。獲ってきた魚を両手の中につつみこみ、それをそっとのぞく。はつらつとした清流の生きものの匂いをかぐ。そうして「きれいだね」とまた少年のような顔になって笑う野田さんを何度も見て知っている。

野田さんは川旅をしていく上で人間の生活に必要な魚を必要な分だけ獲っているのだ。そしていとおしく焼いて食う。考えてみれば大昔から人間はこうして生きてきたのである。

野田さんが住んでいる千葉の亀山湖にはシーズンになるとブラックバスを釣りに沢山の釣り人がやってくる。彼らはブラックバスは食べられない、と言って釣り味、引き味だけ楽しみ、釣りあげたやつをそのまま岸の上に放り出して帰ってしまうのだ。野田さんはそういう人からブラックバスを貰《もら》って焚火で焼いてたべる。ぼくも何度か食ったけれど腹の中にセリなど入れアルミホイルでくるんで蒸し焼きにし、ショウ油をかけて食うとフランス料理なんか一発KOというぐらいのうまさなのだ。食いもしない魚を釣り上げてそのまま日干しにして帰っていく釣り人たちとまったくどっちがザンコクなのだと言いたくなってくる。

野田さんはまた人間たちにも実にやさしい。

川を一緒にカヌーで下っていくとき岸辺にいる釣り人に気づくと野田さんはその人の釣り糸を引っかけないように大きく反対側に流れを迂回《うかい》していくのだが、そういう釣り人や岸辺にたたずんでいる老人たちに気軽に声をかけることが多い。

「釣れますかあ?」

「いやあどうもさっぱりで……」

野田さんはとくに老人にやさしい。老人の話をよく聞いている。話し好きというのではなく聞き好きというのだろうか。自分のことはあまり言わない。そこのところもなかなかいい。

野田さんはきわめて正確な英語を話し世界のあちこちを放浪し、かなり壮絶な冒険をしているのだが、そういうことはほとんど言わない。

川を流れ下りながらホームレスに間違われ、本物のホームレスと「ゴハンとラーメン」の〝賢者の交換〟をしたり、日なたぼっこの婆さんに呼ばれて風呂を貰ったり、過疎村に生きる爺さまのグチを聞いてやったりして、徐々に確実に滅びていく日本の川文化を静かに語っていくだけなのだ。

川原でやたらに威張りまくる建設省のコッパ役人や、魚を殺し流域の伝統産業をつぶしていくデタラメな川行政や子供を川べりで遊ばせずにますますいくじのない子供にしていく日本の野田さんの言う〝女文化〟にいきどおりつつも、しかし野田さんの川から見ていく日本文化への眼はいつも静かだ。その静かさは野田さんしか知ることのできない激しく悲しい「サヨウナラ日本の自然よ」の詩《うた》なのだろう。

野田さんの文章はかなり高度なユーモアとエスプリに満ちているので最初はおもしろいおもしろい、といってサッと読めてしまう。しかし二度、三度と読んでいくと、だんだんかなしくなってくる。そうか、日本にはこんなにもいい川があったのだ、そしてこんなにもソボクで静かないい人々がまだ住んでいたのだ、という〝川文化日本〟を改めて認識することができるのだが、しかしそのことに気づいたとき、すでに日本の川文化は瀕死《ひんし》の重傷を負っているのだな、ということにも気づかされるからである。
この本は川下りのルポというかたちをとった日本のバカ的ハシャギ文化への鋭い警鐘をかきならす書である。
『流域の人は誰も川に尻を向け、目をそらして生きていた。田園調布の洒落《しやれ》た邸宅も川に汚物を流して、口を拭って澄ましこんでいるのであって、川から見ると恥部があからさまに見えて無惨なものである』（多摩川）
『特に国有林はひどい。禿《は》げ山を見たら国有林と思え、と山の人はいう』（熊野川）
『農山村には肥満した人はいない。体を使って生きているから、皮下脂肪のつきようがないのだ。田舎で肥満した人を見かけたら、それは農協の役員か巡査か学校の先生だ』（四万十川）
うんうん、そうだそうだ、そうなんだろうなあ、と思わず力強くうなずいてしまう。しかし野田さんはだからどうすべきだああすべきだなどということは一切言わない。
『日本の川を行くのは哀《かな》しい。それは失われたものの挽歌《ばんか》を聴く旅だ』（吉井川）
という一文は誰よりもそのことを知ってしまった野田さん自身のどうにもならない一人のつぶやき声のようにも聞こえる。
野田さんはまだ沢山の川を下りていくだろう。そしてぼくがこの本の中で一番好きなところは次の一文である。

『おれの理想は、持物はすべてバックパックの中に入るだけにして、風のように自由に好きなところに移動して暮すことだ。それに入りきれないものは、このファルト・ボートのように〝折りたたみ式〟にして携帯自由であるべきだ。家も机も女も、みんな小さく折りたたんで、邪魔になったら惜しげもなくポイと捨てなければいけない。男は常に身一つで生きるべきである。そうなのである。――』（江の川）

野田知佑は川の上を行く風である。

日本で数少ない自由に生きていける〝風の男〟である。しかしこの自由は実に大きなリスクを背負った上での自由なのでもある。そのリスクとは「死」だ。この本の中にはほとんど書かれていないが野田さんがやっている自由な川旅は常に思いがけない危険がつきまとっている。野田さんの自由な川旅はまた「突然の死」と隣合わせの自由でもあるのだ。

一年前、ユーコン河に出かけていく野田さんと別れるとき、ぼくは彼と握手をしながら「行ってらっしゃい、死なないで下さい」と言った。それは本気で言った言葉だった。野田さんはそのとき黙って笑わない眼でうなずいた。

川の上を行く自由な風の男はあきらかにこれから勝負してくる、という眼をしていた。それもまたいつもとはすこしちがういい顔であった。

一九八五年七月

どかーんと特選旅の本

陸の冒険モノに開眼

自分が何度も中央アジアに行くきっかけにもなった、陸の冒険モノ文句なしのベスト。『西域探検紀行全集』（『黄河源流からロプ湖へ』プルジェワルスキー著、加藤九祚、中野好之訳、白水社）（『ユーラシア横断紀行』アトキンソン著、水口志計夫訳、白水社）（『西域への砂漠の道』ラティモア著、谷口陸男訳、白水社）の三冊は、それぞれロシア人、イギリス人、アメリカ人による古典的作品。まだまだスケールの大きい旅ができた時代の話。

ぼくよりも少し上の世代の日本人も、世界を股にかけた旅をしている。たとえば『リビア砂漠探検記』（石毛直道著、講談社）。若い人類学者が、山賊に襲われ機関銃で撃たれたりしながら、旅を続ける。『極限の民族』（本多勝一著、朝日新聞社）は出た時から大学の冒険部・探検部のバイブルだった。当時は誰も行ったことがない秘境を新聞記者の、常に正確さを追求する眼でルポしている。

最近の日本人も、世界中に行っているが、それらの人々の旅の本の多くは、自分の行動記録だけでその土地の文化や習俗などに関する考察が少ないのが残念だ。その点、異色なのが『タクラマカン周遊』（金子民雄著、山と溪谷社）。西域に精通した日本の知識人による優れた紀行文である。

『シベリア漂流』（大島幹雄著、新潮社）は、明治時代にシベリアの氷原を旅した日本人の伝記。その辺りの旅は自分も体験しているので、その極寒状況がよく伝わってくる。移動しながら寝ていると橇《そり》から落ちて、そのままだと死んでしまう。でも、氷点下四十度で寝てしまうのもすごい。冒険家・植村さんの本では『北極圏一万二千キロ』（植村直己著、文春文庫）が一番好きだ。まだ、北極圏には行ったことがないが、ぜひ現地でじっくり読んでみたい。（※二〇一〇年代にアラスカ、カナダ、ロシアの北極圏に行きこの目標は達成した）

『秘境パタゴニア』（飯山達雄、西村豪著、朝日新聞社）は、南米大陸最南端に行く前に読んだ。当時は日本人が書いたパタゴニアの本はほとんどなかったので、重宝した。ぼくがオーストラリアの砂漠へ行くきっかけになったのは『恐るべき空白』（アラン・ムーアヘッド著、木下秀夫訳、ハヤカワ文庫）。まずタイトルがいい。十九世紀、その内陸部を初めて縦断して、大陸の真ん中には死の灼熱以外ないことをつき止める探検隊の話だけれど、直射日光下で七十度という暑さが伝わってくる。『西南秘境万里行』（沈澈著、譚佐強訳、恒文社）は中国人写真家による雲南冒険記。蛭《ひる》地獄に遭遇した時の話は、読んでいてとにかく総毛立ってくる。

海に挑戦する人々

『ビーグル号航海記』(チャールズ・ダーウィン著、島地威雄訳、岩波文庫)と『コン・ティキ号探検記』(トール・ヘイエルダール著、水口志計夫訳、ちくま文庫)はベスト中のベスト。前者はダーウィンによる南米沖の航海、後者はバルサの筏《いかだ》でペルーからポリネシアへと向かう旅。そして、ヘイエルダールは『葦舟ラー号航海記』(永井淳訳、草思社)では古代エジプトとアメリカ大陸との関係を証明しようと、チチカカ湖の葦で作った船で航海を試みた。いずれも一流の知性が行動しながら書いている素晴らしい作品。

北極海探検なら、上下重量二キロの大作『ヴェガ号航海誌』(A・E・ノルデンシェルド著、小川たかし訳、フジ出版社)とアムンゼンによる『ユア号航海記』(ロアルド・アムンゼン著、長もも子訳、フジ出版社)が、その厳しい航海を追体験できる。

フランス青年による『実験漂流記』(アラン・ボンバール著、近藤等訳、白水社)は、自分の身体を犠牲にして海水飲み実験をしながら大西洋を横断する、喉の渇く本。この本をヒントにして日本人が試みたのが『漂流実験』(斎藤実著、海文堂出版)。ベニア板で作った「ヘノカッパⅡ世号」で、命がけの冒険を試みた。そして、この航海は、なにかと規制したがる海上保安庁との戦いでもあった。

ヨットの旅では、『アイスバード号航海記』（ディビッド・ルイス著、堀江謙一訳、立風書房）は冬モノの傑作。凍りつく南極海を小さな船で単独航海する。また、世界最初のノンストップ単独無寄港世界周航をやり遂げた『スハイリ号の孤独な冒険』（R・ノックス＝ジョンストン著、高橋泰邦訳、草思社）も超人的な大仕事。アメリカ人のヨットマンが妻と二人で太平洋側からホーン岬を通って大西洋を北上する航海記『ホーン岬への航海』（ハル・ロス著、野本謙作訳、海文堂出版）もしみじみと感動する。

航海記は深刻で苦労した話が多いが、飄々としてとぼけた感じなのが『ひねもす航海記』（国重光煕著、マリンブックス）。日本人三人組があっけらかんとインド洋を旅する。伝統的な海洋民族の船旅の世界を教えてくれるのは『海のラクダ』（門田修著、中公文庫）。著者の門田さんはインド洋の交易に使われていた木造帆船ダウに同乗する。『日本海軍地中海遠征記』（片岡覚太郎、C・W・ニコル編、河出書房新社）は、第一次大戦でヨーロッパに派遣され、駆逐艦に乗った中尉の航海誌。Uボートと戦ったりするが、武士道精神の、古きよき日本人が描かれている。

まきこまれ型サバイバーの日常的問題

『荒海からの生還』（ドゥガル・ロバートソン著、河合伸訳、朝日新聞社）は、ヨットが沈没して、亀を生け捕りにしながら生き延びる家族モノ。表紙に、救出した日本の漁師が腹巻をして写っていて、いい味を出している。三胴船が逆さで漂流する『奇跡の生還』（ジョン・グレニー&ジーン・フェアー著、浪川宏訳、舵社）は、潜って船内の食料を取りに行かなければいけない、つらい話。

漂流モノには珍しくロマンチックなのが『死の海からの生還』（ケント・ハールステット著、中村みお訳、岩波書店）。男女が沈没する船上で再会を約束する。『エンデュアランス号漂流』（アルフレッド・ランシング著、山本光伸訳、新潮社）はこれが漂流記では一番。シャクルトン隊二十八名がボートとソリで氷上を移動して南極海を彷徨うのだが、死者を出さずに生還する感動的なドラマだ。同じ流氷モノ『パパーニンの北極漂流日記』（イ・デ・パパーニン著、押手敬訳、東海大学出版会）は、ソ連時代の探検家がテントごと流氷で移動していく。『フラム号漂流記』（フリトヨフ・ナンセンほか著、加納一郎訳、教育社）は正統派探検漂流記だ。江戸時代では『漂流奇談集成』（叢書江戸文庫1、国書刊行会）。文語で読みづらいが、鎖国時代の様子がわかる。スケール大の漂流は、『アポロ13号　奇跡の生還』（ヘンリー・クーパーJr.著、立花隆訳、新潮文庫）。ついに人間は宇宙を〝漂流〟するようになった。

戦争は人間を絶望的な状況に追い込む。『私は魔境に生きた』（島田覚夫著、ヒューマンドキュメント社）は、太平洋戦争中、ジャングル山奥に籠った日本兵のサバイバル。塩が手に入らなくて、デポ地に残された空缶を煮出して錆だらけの塩を手に入れようとする。そして戦争終結を知らずにニューギニアに何年も原始生活をおくる。一方、『チンドウイン河漂流記』（和田学著、日本図書刊行会）は、インパール作戦に従軍した兵士の苦闘。日本兵が退却した後は、「白骨街道」と言われたほど悲惨な戦いの描写に、ぐいぐいと引き込まれてしまう。反対に『敵中漂流』（デイモン・ゴーズ著、佐々田雅子訳、新潮文庫）は、日本兵に追われる米軍パイロットの逃亡記。漂流しながら敵中突破というダブルの困難を乗り越え、最後はオーストラリアに抜けるカタルシスがある。

フィールドワーカーたちの記録

『マレー諸島』（アルフレッド・ラッセル・ウォレス著、宮田彬訳、思索社）は上下二段組七三三ページというすごい大著。大蛇やバカでかい蜘蛛が何度も出てくる。ぼくは蛇が嫌いだから、マレーって行きたくないなと思いながら、面白く読んだ。『アマゾン河の博物学者』（H・W・ベイツ著、長澤純夫、大曾根静香訳、新思索社）『ヴァヴィロフの資源植物探索紀行』（N・I・ヴァヴィロフ著、木原記念横浜生命科学振興財団監訳、八坂書房）は植物学者の探検記。前人未踏の場所だから、今からは想像できないくらい密度が濃い。『悲しき熱帯』（レヴィ＝ストロース著、川田順造訳、中央公論社）と『西太平洋の遠洋航海者』（ブロニスラフ・カスパー・マリノフスキー著、中央公論社）は、未開と呼ばれる異文化の素晴らしさを、西洋の文化人類学者が記述した作品。『奥地への旅』（L・ヴァン・デル・ポスト著、佐藤佐智子訳、筑摩書房）『白ナイル』（アラン・ムーアヘッド著、篠田一士訳、筑摩叢書）も文化を見てゆく旅で、現地の風俗に対する驚き、自分を見つめ直すプロセスが書かれた読みごたえのある本。後者は野田知佑さんに勧められた。

東洋文庫から二冊。『南嶋探験　琉球漫遊記　全二巻』（笹森儀助著、東喜望校注、東洋文庫）は、青森出身の民俗学者が西表島に行ったら、言葉が全然通じなかった話が面白い。

大全モノ大集合

ぼくが好きな本のジャンルに〝大全モノ〟がある。いってみれば、その分野についてありとあらゆることが調べられているような本。たとえば『風の博物誌』（ライアル・ワトソン著、木幡和枝訳、河出書房新社）は古今東西、地球から宇宙まであらゆる風の考察で、膨大な情報を一つの論理にまとめ上げる力に圧倒される。その他『アフリカの白い呪術師』（村田恵子訳、河出書房新社）などワトソンの作品はどれも大全モノの大作だ。

『われらをめぐる海』（レイチェル・カースン著、日下実男訳、早川書房）は、ひと頃かならず長い旅に持っていった本。海に関するあらゆる思索が詰まっている。寝る前に読み、思索しながら眠ることができる、至福の一冊である。

『サバンナの博物誌』（川田順造著、新潮選書）は単なる旅行記ではなく、風物を知ることでサバンナを旅している気になる好著。文章は無駄がなく、絵も素晴らしい。

一点こだわり本も見逃せない。『トンパ文字』（王超鷹著、マール社）は、直接旅には関係ないが、その収穫といえる本。雲南省奥地で少数民族が使っている象形文字の話。文字より絵物語に近い美しい世界である。『ナマコの眼』（鶴見良行著、筑摩書房）からは、海洋民族の底力がわかる。先に挙げた門田さんと同様、海から見た歴史を教えてくれる。『トイレットペーパーの文化誌』（西岡秀雄著、論創社）は、タイトル通りの本。世界中でトイレの始末に紙を使っているのは三割以下というような事実を知ることができる。『モンゴルの馬と遊牧民』（野沢延行著、原書房）は、数あるモンゴル本の中で最もわかりやすい。『インドの大道商人』（山田和著、平凡社）は驚愕の連続。信じられない商売をしている人たちがあの国には大勢いる。特に「のっぺらぼう」の話はインドならでは。一方、日本では『放浪芸雑録』（小沢昭一著、白水社）が、放浪芸の全てに関するヘビー級の本。

文化の違いでは、『図説　中国の科学と文明』（ロバート・K・G・テンプル著、牛山輝代監訳、河出書房新社）を読むと、中国の思考は日本とは全く違うことがわかる。一方、『夜は暗くてはいけないか』（乾正雄著、朝日選書）は、暗さから日本と西欧の文化を対比した。

動植物へのこだわりから世界を見ることもできる。『トウガラシの文化誌』（アマール・ナージ著、林真理ほか訳、晶文社）『ジャガイモ伝播考』（ベルトルト・ラウファー著、福屋正修訳、博品社）は、単品で世界を旅してしまう。発酵学者による『奇食珍食』（小泉武夫著、中公文庫）も膨大な文献を駆使した驚嘆の書。『ナマズ博士赤道をゆく』（松坂實著、世界文化社）は、アマゾンの巨大ナマズど根性釣魚記。著者の松坂實さんは、今、アマゾン流域汚染に立ち向かっている。『虫の惑星』（ハワード・エンサイン・エヴァンズ著、日高敏隆訳、早川書房）『世界の珍草奇木』（川崎勉著、内田老鶴圃新社）『よじのぼり植物』（C・ダーウィン著、渡辺仁訳、森北出版）は、虫や不思議な植物から地球を見つめた本。世界中には本当に変な動植物がいる。同系列では『ワンダフル・ライ

フ』（スティーヴン・ジェイ・グールド著、渡辺政隆訳、早川書房）が、SF的動植物がいたカンブリア紀の発掘記で、過去への旅ができる。絶滅してしまった古代生物の骨格標本から、彼らが想像もつかないような奇妙な姿だったことがわかる。

外国にいって一番はじめに行くべきは市場と言われるが、**『アジアの市場』**（石毛直道、ケネス・ラドル著、くもん出版）は十分な取材を重ねて書かれた労作。**『小屋の力』**（今井今朝春、仙波喜代子編、ワールドフォトプレス）**『「イグルー」をつくる』**（ウーリ・ステルツァー著、千葉茂樹訳、あすなろ書房）**『地球生活記』**（小松義夫著、福音館書店）は、住居や建物を知ることで世界を旅することができる。

『もしも月がなかったら』（ニール・F・カミンズ著、竹内均監修、増田まもる訳、東京書籍）は「イフ」もの。月が存在しなかった場合だけではなく、近いとか遠いとかいろんな思考実験をして、今の地球の存在が奇跡的であることがわかる。その他、**『奇妙な42の星たち』**（岡崎彰著、誠文堂新光社）**『宇宙大航海時代』**（ロバート・M・パワーズ著、水上峰雄訳、新潮選書）**『宇宙の征服』**（C・ボーンステル画、ウィリー・レイ著、崎川範行、由良統吉訳、白揚社）は、来るべき宇宙の旅を夢想させてくれる三冊だ。

絵が楽しい本を少々。**『型録《カタログ》・ちょっと昔の生活雑貨』**（林丈二著、晶文社）は過去への旅。扇風機が団扇を上下に動かす形なのは、思わず笑ってしまう。

『絵で見る比較の世界』（ダイアグラム・グループ編著、松井巻之助他訳、草思社）

『POWERS OF TEN』（フィリップおよびフォリス・モリソン、チャールズおよびレイ・イームズ事務所共編著、村上陽一郎・公子訳、日経サイエンス社）の二冊は、冬の夜長にウイスキーでも飲みながら、ゆっくり読むのにいい。極大の宇宙空間から極小のミクロ世界へ旅する醍醐味を味わえる。『クロスセクション』（スティーヴン・ビースティー画、リチャード・プラット文、北森俊行訳、岩波書店）も眼の好奇心を刺激してくれる大判本。地下鉄の駅や大型客船、高層ビルを大胆に輪切りして見せてくれる。

いろんな旅・ぼちぼち紀行など

『貧困旅行記』（つげ義春著、晶文社）は、旅の私小説。貧乏だからできる、巻き込まれ型の旅。『ニッポン大貧乏旅行記』（藤本研著、山と溪谷社）は、野宿しながら百六十二日かけて日本全国を旅する話。お寺とか神社は意外に泊まらせてくれないことがわかる。『フィリピン僻地紀行』（妹尾恭一著、連合出版）は、お医者さんが看護師の教え子に会いに、ポンコツバスに乗ってフィリピンの山の中を旅する。文章が上手で、読ませる。『ボルネオ島最奥地をゆく』（安間繁樹著、晶文社）もあまり知られていない島について緻密な描写がある。全長三メートル近くのキングコブラに遭遇する話は圧巻。『アマゾン漂流日記』（坪井伸吾著、窓社）は、「ハラへった！」が口癖の、よい意味で軽い旅行記。反対にどうしてと思うぐらい重々しいのが、『氷上旅日記』（ヴェルナー・ヘルツォーク著、藤川芳朗訳、白水社）。ドイツの映画監督による思索の記録で、ずっと考え事をしてやるせない。

『ロバと歩いた南米アンデス紀行』（中山茂大著、双葉社）と『チャーリーとの旅』（ジョン・スタインベック著、大前正臣訳、サイマル出版会）は、連れ合いが人間じゃないパターンの旅。前者は、パブロフのぼるくんというロバがなんとも味わい深い。

山下洋輔さんの本では『ピアノ弾きよじれ旅』（山下洋輔著、徳間書店）が一番好きだ。文章がジャズのリズムで、日本人の旅本ならベストに挙げたい。『海まで100マイル』（佐藤秀明、片岡義男著、晶文社）は、佐藤さんの代表作。装幀は平野甲賀さんで晶文社らしいセンスのいい本。『山釣り』（山本素石著、朔風社）は渓流釣り体験のエッセイ。『北緯40度線探険隊』（坂本正治著、角川書店）は、その線上にこだわった紀行文。

島については、『無人島「人間」幻視行』（加藤賢三著、サンケイ出版）が無人島に熱中していたときのバイブル。『南鳥島特別航路』（池澤夏樹著、日本交通公社）は、現代の日本人作家による深い思索。

最後に、地方出版の本を二冊。『バス時刻までの海』（砂室圭著、小阪満夫写真、無明舎出版）は秋田、『わしの新聞』（神山恭昭著、創風社出版）は松山の本。後者は、タウン誌に連載されたもので、地方都市に住む男のぼやきが泣かせる。

椎名誠ムック『でっかい旅なのだ』(新潮社)

4章　ＳＦはタタカイだ！

でっかいSF

――『ウォークン・フュアリーズ』（リチャード・モーガン著、田口俊樹訳、アスペクト）

衝撃的だった『オルタード・カーボン』から数年して待望の『ブロークン・エンジェル』が出た。そして本書はそれに続く、待ってましたの三部作目である。けれど必ずしも一作目から連続して読んでいなければ、という訳でもない。すでに本書を読まれた読者はおわかりと思うが、本書を単独で読んでも時空を越えた眩暈がするほどダイナミックで衝撃的な物語を存分に味わうことができたであろうから。

しかし、本書を読んでこの物語世界に堪能した読者は、十分なカタルシスをものにしながらも甚だしい欲求不満に陥ってもいることだろう。それは実に「しあわせ」なことである。何故ならまだ冒頭書いたシリーズ二作分の猛々しく魅惑に満ちた「なにがどうなるかわからない物語」がどおーんと控えているからだ。

『オルタード・カーボン』も『ブロークン・エンジェル』も文芸評論家の北上次郎氏が解説を書いている。もちろん彼は二冊ともきっぱり絶賛している。小説の中でコヴァッチが語っているように「文句のあるやつは一列に並んでくれ」を引用し、この本がつまらないなどと文句のあるやつは一列に……と、彼もタンカを切っているのだ。

作者はこの小説をＳＦではなくフィーチャー・ノワール（未来派ノワール）と称している。なるほどそういう魅力的な創設ジャンルもあったのか。

北上氏はこの小説を未来を舞台にしたハードボイルド兼センチメンタルなロマンスとも言っている。でも二十七世紀という途方もない未来を舞台にした本書は間違いなくＳＦそのものではないか。

大小無数の、用語だけではどんな形をしていてどんな理屈でどう見えてどう動いているのか、思いっきり空想のスケールを広げないと見当もつかない「システム」や「光景」や「ガジェット」がわんさか出てる本書（シリーズ全部だが）は、やっぱり堂々とした「でっかいＳＦ」と呼ぶしかない。

ぼくはこのシリーズを読む前まではダン・シモンズの『ハイペリオン』（早川書房）とその関連シリーズがＳＦの最高傑作で、もうこれを超えるものは当分出てこないだろう、と寂しい思いをしていたのだが、本書のシリーズがそれをあっけなく見事に凌駕してくれたのだ。びっくり仰天である。

「オルタード……」は二十七世紀のベイシティ（サンフランシスコ）を主な舞台に物語がくりひろげられた。「プロークン……」は地球から遥に遠いサンクション系の第四惑星が舞台。そして本書の主な舞台は、日本系の植民星、ハーランズ・ワールド。ベイシティは別にしてサンクション第四惑星もハーランズ・ワールドも宇宙のどのへんにあるのかは明確には書かれていない。

けれど、本書の植民星は、ホテイ、ダイコク、マリカンノンというそれぞればらばらの軌道で大きさも違う三つの月と、地球比で〇・八Gというなかなか快適そうな重力の星であり、ニューホッカイドウ、ニューカナガワをはじめとしていかにも日本の植民星らしい地名がいたるところに散在している。

三つの月が複雑にからまる引力の干渉によって海の潮流は簡単には計測や予測のできない複雑さで、超人的サーファーが五キロぐらいのバカデカ波に乗ってしまうし、ひとたび嵐になると波や潮流によってどこまで破壊されるかわからない一カ月以上にもわたる暴風雨をまきおこす。しかもその海にはおそらくその名のように象クラスの獰猛なエレファントエイやボトルザック鮫というこれも相当にでかくてヤバそうな海の怪物がおり、さらに陸には沼豹という、これも怪獣に近いような獣もいて、それ同士を戦わせるショーなどが開催されている。クモノスクラゲ漁は油脂がとれるので漁の対象になるが、そこから飛び出る見えない刺胞子にやられると子種がなくなるので神経を使う仕事である。

海だけですでにこれほど異形の景観を持っているこの植民星に、それぞれ目的の違う怪しげでしぶとくて懲りない強者集団が、スラグ銃、破砕銃、マシンライフル、スコーピオン砲などといった武器を次々に繰り出してド迫力の殺しあいをする。

――こう書いてくると、一時代前のスペースオペラかと思うSF読者もいるだろうが、本シリーズでぼくが一番気にいっているのは、そういう異境でありながら、きちんとリアリティのある、そして綿密に書き込まれた背景に人物像がメリハリをもってからまっていくので、全体のトーンは北上氏がいうようにむしろギチギチ硬派のハードボイルド調であり、ときに哀調のこもった未来文学の基調さえも漂わせている。つまりは大人の小説として異境物語の背骨が常に安定して貫かれているのだ。

三部作をとおしてもっとも重要なファクターである二十七世紀という「時代の位置」と「小説の核」は、人間の「精神」や「性格」や「記憶」などのメンタル面のデジタルシステム化ができていて、人間の芯の部分、まあつまりは「魂」が「スタック」という、小さなメモリー物体に収められていて、それを脳幹の後ろ、脊髄のいちばん上部のあたりに「装塡」すると（それまで取り外されていたメモリースタックが完全に保管されてさえいれば）その「魂」の人物はまた再生する――という生命の革命である。もちろんそのときはスリーヴと呼ばれるあたらしい肉体が必要であるが。あたらしい魅力的なスリーヴは、そのもともとの持ち主のスタックが粉砕され、つまり「真の死」をとげた「抜け殻」だから、そうとうな金持ちでないと簡単には買えない。貧乏人は人造スリーヴという、まあ精巧なハイテクヌイグルミのようなものを着ているが、表情にとぼしくなにかとドジなこのキャラクターがぼくには面白くてたまらなかった。

本物の「人間」の脱け殻スリーヴを金にあかせて次々に乗り換えていけば、ある種のパラサイトシステムによって不老長寿が可能になっている世の中なのだ。

性格や記憶や感情や哲学や死生感を三百年の経験と、それにからむ思考時間を持っている仙人のような男が十六歳のピチピチした娘（！）に生まれかわることもできるのだ。しかし不老不死はいいことばかりではない。新しい服を買うように新しいスリーヴに何度も寄生するには特有のリスクがつきまとう。最終的には精神の崩壊だ。そういう意味では永遠の安全な「不死」の時代ではないのかもしれない。

主人公のコヴァッチも自分のスタックを第三者に取り外されたり、装塡されたりして何世代も生きている男であり、エンヴォイ・コーズというきわめて特殊で過酷な訓練を受けて、さらに体のいくつかのパーツがニューラケムなど擬体強化されていたりする戦う機械みたいな男である。本書には断崖をよじのぼったり高い場所でのタタカイが沢山出てくるが、今回のコヴァッチのスリーヴには手足にヤモリの遺伝子加工が成されていて、蜘蛛蠅男のような特技をもっており、これが結構おかしかったりする。戦闘時には体内に仕込まれたハイテク機能が自然に起動し、戦力を強化するようにもなっており、わかりやすくいえばすでに部分的に「ターミネーター化」しているブラックヒーローである。

他の登場人物も魅力的であり、ときに恐怖的でもある個性豊かなキャラクターに彩られていて、それらの複雑な人間関係をじっくり理解しながら読んでいくのも面白い。とくに本書の舞台は日本の植民星なので、ムラカミ、ユキオ・ヒラヤス、キヨカ、オオシマ、シゲオ・クルマヤなどという完全な和名の登場人物が活躍するし、スシやヤクザや漢字教室や「祈願大漁」と書かれた「奉納額」などが出てきたりという思いがけない面白さに出会う。

けれど、このシリーズのいくつもある魅力のひとつは、三部作に必ず出てくるとんでもない武器と戦略と作戦と謀略による幾多の「戦闘場面」であり、この展開の凄まじさだけでも、この作者が飛び抜けて規格外の、強烈非情なるハードアクションの書き手であることがはっきりする。

さらにぼくが注目していたのは、このモーガンが創出した二十七世紀というのは、女がめちゃくちゃタフで強く、そしてときには男よりも存在感が大きい、ということであった。

二十七世紀ともなると、人間と動物の融合や非人類の、つまり宇宙人との接触も見えてくる、いまの地球とはベースの違う価値観が定着している、ということも、作者はいろんな場面で読者に伝えてくれる。

しかしそれでもなおヒューマノイドは、二十七世紀になってもこんなふうになにやらとてつもない地球破滅的な武器を駆使して戦いあっているものなのか、といささかむなしく諦観する部分もある。

でも、そういう遠い未来に、世界中の人々は花や七色の虹の中で溢れる愛につつまれて、平和で笑顔のたえないしあわせな日々を送っている、などという小説を書かれても、あまり読む気はしないだろう。テクノロジーが加速度的に進歩しても我々はコヴァッチのようなタフな男に時空を超えてまだまだ活躍してもらわないと読者として困るのである。地球および太陽系に薄っぺらで曖昧でバーチャルな平和などこないためにも——だ。

二〇一〇年八月

作者と読者のタタカイ
――『闘技場』（フレドリック・ブラウン著、星新一訳、福音館書店）

新しいＳＦシリーズのスタートである。福音館が出版するということに大きな興味を持った。この『闘技場――フレドリック・ブラウンコレクション』以降も、古典に書きおろしも含めた内外のすぐれた作品がラインナップされているようだ。そしてこのシリーズはＳＦに初めて触れる若い人向けということを企図しているので、この解説もできるだけわかりやすく書いていきましょう。

ぼくが最初にＳＦに触れたのは中学に入った頃だった。はっきりした記憶はないが、たぶんジュール・ヴェルヌの『月世界探検』だと思う。それまで読んでいたいわゆる普通小説と全く世界が違うことに驚き、以来、着実に熱心なＳＦの読者になっていった。最初にジュール・ヴェルヌというＳＦの父と呼ばれる人の作品に触れたことは幸せだったと思う。以降、巡り巡って、自分もＳＦを書くようになった。小中学生の頃にＳＦと出会わなかったらたぶんそれはなかっただろうと思うからだ。

その当時読んでいたＳＦの一冊には「世界の異端文学」という表記がされていたのを

記憶している。そうか、これは「異端」に属する小説世界なのか、といくらか驚いたものだ。そういえばその頃ぼくはSF専門誌「SFマガジン」を毎月買っていたが、ある地方の書店で「SMマガジン」の隣に「SFマガジン」が並べて置いてあるのを見て、買うときに思わず左右を見回してしまったものだ。

ヴェルヌ以降たくさんのSF作家の作品を読んでいったが、その頃最も期待をもって愛読していたのがこのフレドリック・ブラウンとロバート・シェクリーだった。どちらもたくさんの短篇と長篇を書く達者な作家であり、共通しているのは、軽妙洒脱、驚嘆すべきその発想と全体を包んでいる心地のいいエスプリ、そして、読む者を裏切らない話の展開とそのまとめ方である。

読む者を裏切らないということにはいくらか注釈が必要だ。むしろ読むたびに裏切られている、と言ったほうがいいのかもしれない。簡単にいうと、話の展開がどうなっていくのか、読み進んでいっても全くわからない場合が多いからだ。本書に収められたフレドリック・ブラウンの短篇などはまさしくその粋を集めたようなものだろう。

これから個々の作品のいくつかについて語っていきたいが、フレドリック・ブラウンといえどもその作品群はもう古典の中に入る。けれど今回、この解説を書くためにあらためて全部読み直してみて、少しも古びていないのに驚いた。まあ宇宙航行技術やコンピューターを使った先鋭技術などについては少々の古めかしさを感じるのは否めないが、話の展開についてはどれも全く陳腐化の気配がない。それはフレドリック・ブラウンの紡ぎだすSFの世界が、いずれもちょっとやそっとの時間の経過などではなんらの影響も受けない巧みで豊かな底力を持っているからだろう。

「闘技場」は、いつのどことも知れぬ場所に人間ぽい生物がいる。同時にそれとは別の生物がいる。互いに何のためにそこにいるのかわからない。わかるのは、互いに相手を攻撃しないと自分自身が危険にさらされるということだ。つまりは死だ。理不尽でもある。全てが不明のうちに両者の戦いが始まる。覚醒したふたつの生物は、互いにその場で見つけたものを使い、相手の動きに激しく素早く対応しながら工夫を重ねて、ひたすら戦っていく。

読者は、この戦うふたつの生物と同じようになんだかわからないままにこの物語の中に引き込まれていったことだろう。何もわからない物語にここまで引き込まれる世界こそ、SFなのだとおわかりいただけただろうか。

まだ本文を読んでいない読者のために結末までの安易な解説は避けるが、この小さな闘争には度肝を抜くような巨大な背景が横たわっている。最初にぼくがこの短篇を読んだとき、ここからSF全体のもつ壮絶な思考の世界とイマジネーションのあふれるような可能性というものを感じたのだった。

順不同にいくが、「ユーディの原理」にも読者はたちまち引き込まれたことと思う。ここでも描かれている世界は本当に小さくて狭い空間でしかないが、そこで語られている内容もスケールも、また先の「闘技場」と同じくらい果てしない巨大な空間である。「ユーディの原理」を利用したなにやらヘンテコな道具がやってくれることを読者は面白がって読んでいたことだろうが、やがて話がすすむにつれてじわじわと恐ろしくなっていった読者もいることだろう。ぼくなどはまさしくそうだった。そして、最後は「残念！」「惜しい！」と思った読者も多いのではないだろうか。何度も書くことになるが、これこそがフレドリック・ブラウンの短篇の真骨頂なのだ。

この作家の小説作りは、まず基本に一般的な思考では想像もできない大きな発想のかたまりがあって、そこに背景が考えられ、登場人物が配置され、それからやにわにお話が動き始める、という構造になっている。

「狂った星座」などもその路線を忠実に行くものだろう。ここにじわじわと起きつつある事件は、あらゆる地球上の古典的な法則や定理などを完全に無視し、破壊していくとてつもない設定で、それがどんどん進んでいってしまい、それらの謎《なぞ》を解決するためにはもう残りのページがあまりにも少なくなっている。

小説としてここまで語ってきたとんでもない異常現象を作者はどうやって収斂《しゅうれん》させていくつもりなのだろうか、読みながら不安になってくるほどである。ここまでヘンな世界にしてしまって大丈夫なのか、作者はきちんと最後まで勝負してくれるのだろうか、という不安である。

読んだ方はわかるように、それが見事に最後の数行で、読むものを納得させる力わざになっていく。

そうなのだ。フレドリック・ブラウンの作品というのは、どれも作者と読者のタタカイのようなものが背景にあるような気がする。小説の最初からすさまじい速さでずんずん異常世界に連れ込まれていくのだが、そうさせられながらも、何とかこの異常世界の正体をつきとめてやろうというような思いを頭のどこかに駆け巡らせて読んでいる。けれど、たいていブラウンにしてやられる。ぼくなど全戦全敗である。でもその負け方が心地よい。つまり、読後のカタルシスだ。

冒頭の「星ねずみ」などはいかにもアメリカっぽい軽やかなＳＦのレトリックに彩られた、楽しくて痛快なお話だ。こんな短いスペースの中で、事態は二転三転の、いわゆるどんでん返しを見せ、最後にはまた嬉《うれ》しいようなさびしいような、けれどどこかで「よかった」と思わせる収めどころへ持って行ってくれる。そしてこれもまたＳＦでなければ描けない話なのだなあ、と本から視線をそらし、遠くなど眺めながらうれしい気持ちになるのだ。

ぼくが短篇集の中で個人的にいちばん好きな作品は「不死鳥への手紙」だ。読めばわかるように、この作品はこんな少ないスペースの中でとんでもない時空間を歩んでいく話である。全てが深く大きく、驚嘆に満ちている。このプロットの小さな部分部分をそれぞれ拡大していくだけで、全十巻ぐらいの壮大なSF叙事詩が生まれるはずである。

この短篇集を初めて読んでSFというものに心を奪われた読者の中には、やがて他の作品（これが、まあなんというか、大海のようにおびただしいめくるめく作品大群がひしめいているのだけれど）を読み出していき、いつかダン・シモンズという作家の『ハイペリオン』という作品に行きつくかもしれない。この作品は一作だけでなく巨大なボリュームの連作になっているのだが、この「不死鳥への手紙」のような世界が本格的に語られる比較的最近の傑作SFなのである。

本書にある「回答」「ノック」「任務完了」「おそるべき坊や」などのその他の短篇も、全て楽しんでいただけると思うが、フレドリック・ブラウンの短い小説の構造はしばしばワンアイディアによって構成、展開されているケースが多い。さっきの〝作者と読者のタタカイ〟という言い方でいえば、これらの短い作品とのタタカイでもことごとくぼくは軽く手をひねられるようにして負けてしまった。要するにいかに短い話でも結末がやっぱり読めないのだ。

読者はこの『闘技場——フレドリック・ブラウンコレクション』を読んでSFのおも

しろさの一端に触れたことと思うが、少し頭を柔軟にして思い起こしてほしい。ここしばらく世界のファンの話題をさらった作品「スター・ウォーズ」「Ｅ.Ｔ.」「ターミネーター」「バック・トゥ・ザ・フューチャー」「ブレードランナー」「エイリアン」「猿の惑星」「マトリックス」など、異世界を舞台に特殊撮影をふんだんに使った娯楽大作はみんなＳＦそのものである。ファンタジーものの「ロード・オブ・ザ・リング」「ハリー・ポッター」といった作品も絢爛《けんらん》たるＳＦ世界のお話だ。宮崎駿《はやお》さんのアニメ「風の谷のナウシカ」や「千と千尋の神隠し」なども、もろにＳＦの世界を舞台にしているのである。

ぼくが子供の頃手にしていた「異端の文学」と書かれていたものは、今はもしかすると中枢をいく〝どまん中〟の文学やエンターテインメントになっているような気がする。ＳＦは頭からしっぽまでワンダーランド（楽しく不思議な国）である。それも各作家、各作品ごとに異なったワンダーランドが、まあ言ってみれば、夜空の星のごとく数え切れないほどの輝きをもって皆さんの頭の上に広がっていると思っていただきたい。

二〇〇九年二月

透明人間はつらいよ

――『透明人間の告白』(H・F・セイント著、高見浩訳、河出文庫)

その年(一九八八年)『本の雑誌』の発行人、目黒考二が珍しく高揚した声で電話をかけてきた。「シーナ、シーナ。コーフンする話。絶対面白い本が出た」

目黒とぼくは三十年以上のつきあいになる。一九七六年に書評とブックガイドの『本の雑誌』を二人で創刊し、ぼくが編集長をやっていた。

『本の雑誌』を創刊したのは、面白い本を見つけて、それをじゃんじゃん紹介する、というのが大きな目的だった。創刊する前から、面白い本を見つけると、互いに速報態勢で連絡し、まだ相手が読んでいないと、いかに面白いか、ということをひとくさりしつつ、優越感にひたるのだった。互いに好きな分野があって、彼はミステリ、ぼくはSFだった。でも似たようなジャンルだから話はどっちにしてもよく通じた。その日、目黒がコーフン気味に知らせてきた本は絶対に互いに好きなジャンルであることがわかった。『透明人間の告白』はその年、新潮社からハードカバー四六六ページの堂々たる翻訳本として登場した。目黒考二は北上次郎のペンネームで、沢山の書評、文芸評論をもうひとつの仕事にしており、一晩で三～四冊を読む日々を過ごしていた。

「どう面白いんだ？」

ぼくは聞いた。

「いいから明日走って本屋に行って、すぐさま買ってすぐさま読め」

彼はそう言って電話を切った。夜中の二時ぐらいだった。まあ彼がそれだけ言ってくるのだから面白いのだろうが、時間からいって迷惑な話でもある。

夜があけるのが待ち遠しい、という迷惑だ。そうして次の日さっそく読んだ。

小説にはワンアイデア、ワンストーリーもの、とでもいう分野がある。特定銘柄のようなものだ。株式用語としてはよくわからないが気分的にそんな感じのものだ。

たとえばスウィフトの『ガリバー』などは、同じアイデアで他の人が書くことはなかなかできない。エピゴーネンというやつで、所詮《しょせん》はアイデアの二番煎《せん》じ。類型はいろいろ出たが世間的には相手にされなかった。『ロビンソン・クルーソー』も同様で、これも類型はいっぱい出たが、本家には太刀《たち》打《う》ちできなかった。Ｈ・Ｇ・ウェルズの『透明人間』もそのひとつだった。この強烈なキャラクターはガリバー級で、他の作家が二度と使えない設定、というのが小説世界の常識だった。

けれどこの目黒絶賛の『透明人間の告白』は、それまでの透明人間の強烈なキャラクターとはまったく別のところから物語ができていた。

この小文（文庫解説）を読む段階ではもう本書をお読みになったかたが殆《ほとん》どと思うが、旧、透明人間と決定的に違うのは「非常に人間味のある透明人間」である、ということで皆さんにも共感してもらえるだろう。これは訳者の人間味もその翻訳文に大きく関係しているように思う。高見さんの訳文はとにかくそこに出てくる登場人物の顔が見え、声が聞こえるような生き生きした描写が特徴だ。

おそらく世界中の男が（女もいるかもしれないが）「もし自分が透明人間になれたら」という夢を一度は抱いたことがあるのではないかと思う。誰にも見られずに好きなことができるのである。多くの男が最初に思うのが女風呂の訪問だと思う。この本の透明人間もそれと似たようなことを「ちゃんと」している。日頃親しい人が一人になったときにどんな行動をしているか、などということも自由に観察できる。痛快だろう。金とか貴金属などもかなり自由に盗める。大金持ちになれる。嫌いな奴の前に行っていきなり顔にパンチをお見舞いすることもたやすい話だ。こんなに痛快なことはない。——と多くの人は思う筈だ。

でも本書の圧倒的に面白いところは「透明人間になるとけっこう不自由だ」ということを毎日の生活のなかで丁寧に説明していくところだ。強烈な描写だから読者も記憶になまなましいだろうが、まず食物を食べる、という人間の基本的な行為が透明人間になってしまうと、実は大変に不自由だ。

透明人間が手にする食物は、その段階では「実体」である。ホットドッグでもバナナでも、それ自体は普通の人に普通に見える。透明人間がそれをひと前で手にとって食べようとすると、ホットドッグやバナナは勝手に空中にもちあがっていって、なにかそのはじっこのほうが細かく千切《ちぎ》れていくのが見える筈だ。透明人間が噛《か》んでいるからだが、普通の人には「ありえない怪奇現象」としてとらえられるだろう。さらに問題なのは、その咀嚼《そしやく》されて細かく千切れ磨《す》り潰《つぶ》されたものが食道を通って胃に到達するところが見えてしまう。そこに粉砕された野菜が加わりさらにスープが流入してきて、それらが透明人間の胃のなかで胃液にまみれぐっちゃぐっちゃにまざりあっている。そのまざりあっている色たるや……。すでに蠕動《ぜんどう》運動をはじめているだろうからその光景たるや……。

だから本書に描写されているように、透明人間は胃のなかに入った食物が消化されて透明人間の生体組織に組み込まれ「見えなく」なるまでひと目につかないところでじっと「消化時間」を待たねばならない。

外を歩くのだって、歩道を自由に歩いていくわけにはいかない。歩道いっぱいに広がって歩いてくる人がいたら、す早く進路を変えてぶつからないようにしなければなんだかわからない「事件」になる。かといって歩道からいきなり車道にでたらなにしろ相手に見えない存在なのだから何時クルマにはねとばされるかわからない。エレベーターに乗るときなどは恐怖の極致だ。透明になってしまうということはまったく気をつかう日々だし、常に人の眼を気にしていなければならない苦労の連続なのだ。間違いなく「透明人間はつらいよ」なのだ。

透明人間の実生活の日常を克明に描くことによって、ウェルズの書いた透明人間とはずいぶん透明人間の「人間像」が違って見える。わたしたちはしだいに主人公の透明人間に感情移入していき、透明人間の不安や心配や喜びにストレートに反応していくようになる。目黒はいいことを言った。

「この透明人間の物語の面白いところは、透明人間の『暮しの手帖』だからだ」

さっきお金を自由に盗むことができる、と書いたが、透明人間はそれで好きなものを買うことができない。暮しの手帖といっても、まともな暮らしは放棄しなければならないのだ。こういう話だけでも面白いのに、作者はここに政府機関の追跡と、それからの逃亡というサスペンスをからめる。ただでさえ不自由な状況のなかで、いろいろ工夫して都会を逃げる。透明人間にとっては都会はもっとも危険な場所だからその逃避行はサバイバルがらみの冒険探検行に近い。

その途中で知人たちのパーティに侵入するシーンがあるが、見知った人たちがそばに沢山いるのに、誰にも声をかけられない孤独。ヒロインと出会うシーンでその孤独感はさらに絶望的なものになる。こんなに美しく悲しいシーンが透明人間の物語にちりばめられているとは、読む前には想像もできなかった。

『本の雑誌』は毎年、その一年間に出た主にエンターテインメントジャンルの本のベスト10を掲載するが、ある年、創刊して三十年目に「本の雑誌が選ぶ30年間のベスト30」という特集を組んだ。そのときのナンバー1がこの『透明人間の告白』なのだった。つまり三十年に一度の傑作〝黄金本〟ということなのだ。

この本は新潮文庫に入ったが、いつのまにか絶版になっていた。新潮社というのはわりあい簡単にいい文庫を絶版にしてしまうところがあり、ぼくは驚き悲しんだが、今度河出文庫で復活する、という朗報を得て、及ばずながらこのように祝辞のような解説を書かせてもらっているのである。名翻訳者の高見浩さんがあらたに手を加えるという話を聞いたので、再び読むのが楽しみだ。

透明人間は小説としては一八九七年のウェルズのものと、それからほぼ一〇〇年後の一九八七年に出たこの本、そして日本の『透明の人間』（槇尾栄、一九二八年）、『白蛾』（香山滋、一九四八年）の四冊を知っているが、映画もいろいろ作られている。日本で話題になったのは透明人間ということを見せる特撮で、ゴジラの特撮で有名になった円谷英二の手による包帯をほどいていくと透明なのがわかる、という場面だった。まだＣＧ

などない時代だったから黒い背景の前で全身を黒くした役者が白い包帯をほどいていくと、黒色がバックの黒に溶融して、あたかも透明に見える、という仕組みで、以降透明人間の映画というとしきりにこの思えば手軽な特撮トリックが使われた。

そのため透明人間は通常は顔の全部や手足に包帯をまいてサングラスをかけている、というのが定番になった。なんだか怪しさの極致をいく姿になるが、透明でまるで見えない状態と、あまりにも目立ちすぎ、という極端な姿にしかなれないのが透明人間の宿命なのだった。

二〇〇〇年にアメリカでCGを使った「インビジブル」が作られた。この映画の見せ場には薬品によって人体が透明になっていく過程を「皮膚《ひふ》—筋肉—骨格—」というふうに人間のオモテ側からだんだん透明になっていく、という、グロテスクながら考えてみればなるほど、と思われる描写があって、ぼくはそれを見たさに映画館に行ったものだ。

ストーリーは透明になった科学者が元に戻れなくなり次第にモンスターのようになっていく、という展開で全体がどうも乱暴だった。実はこの『透明人間の告白』も一九九二年にワーナー・ブラザースによって映画化されている。もちろんぼくはそのロードショウも見にいったが、小説の面白さには遠かった。ただ撮影技術がさらに進んでいるので、たとえば透明人間が芝生の上を歩くとき、芝生が人間の足型に次々に沈んでいく、などという芸のこまかい描写があって、こういうのは小説では表現が難しいからそれなりに興味があった。けれど「原作」を超える面白さや深みがないのは、ここで書いてきた「透明人間の孤独と悲しみ」が、映画では小説ほどには伝わらないからではないかと思った。

それからぼくがもっとも関心をもったのは、人間をどうやって透明にしたか、という科学的、医学的メカニズムの説明だ。

ウェルズの透明人間はたまたま四次元の力を発見した科学者がそれを利用して透明人間になってしまう、というわかったようなわからないような仕組みだったし、最新の映画「インビジブル」は体を透き通るようにする薬を注射している。セリフのなかに、その薬が体を透明にする説明があったのかもしれないがあまりよく覚えていない。

どちらにしてもなにか曖昧なうちに実験は成功し、人間が透明になってしまうのだ。本書では核融合の磁気制御に関する研究をしているところで事故にあい、中心部にいた主人公がモロに大きな被害にあう。

透明になってしまう説明はやはりいまひとつピンとこないが、ただの注射をするだけで透明になっていくのとはだいぶ違って「核エネルギーの暴発ならば、そんなことがおきても仕方がない……」というような妙な説得力があった。とはいえ、この本にも生命体が透明になるメカニズムの明確な説明はない。

『サイエンス・インポッシブル——SF世界は実現可能か』（ミチオ・カク著、NHK出版）はそのタイトルどおり不可能を可能にしていく難易度を可能性の高いほうから順に追求していくきわめて真面目な科学概説書だ。

このなかで最初にあげられているのが「不可視化」で、つまり透明人間をつくる方法であった。透明人間をつくるのはそのあと次々にあげられる光速突破や並行宇宙、念力、テレポーテーション、永久機関、予知能力などよりも易しい、と言っているのだ。

その理屈は簡単にいうと最新技術で可能になったメタマテリアルというまったく新しい素材で、通常の光の屈折角度とは逆の屈折角度を可能にする。これまで一つの方向にしか屈折しなかった光の角度をちょうど反対の角度に屈折させ、それらを組み合わせて全体が光を屈折してしまうような装置を作れば、要するに「透明マント」が可能になる。

透明マントは『ハリー・ポッター』シリーズやSFの大傑作『ハイペリオン』の姉妹作とでもいうべき『オリュンポス』にも当然のように登場している。

最近アメリカ軍が未来の軍隊に装備させるナノテクノロジーを使った「透明兵隊服」をマサチューセッツ工科大学に依頼した、という情報をネット上で見つけたが、これがメタマテリアルに関係しているものなのかどうかは不明。しかし科学の飛躍的進歩はしばしば軍事目的の技術開発のなかから生まれている、というこれまでの事実を考えると「透明化」の実現はまず「透明マント」からはじまっていく、ということが考えられる。

二〇一一年一二月

おそれ多い事ですが……

——『大いなる助走・みだれ撃ち瀆書ノート』（筒井康隆著、新潮社）

こういう立派な単行本の、しかも作家として最も尊敬する筒井康隆氏の個人全集の中に「解説」ふうの文章を書き汚す、というおそるべきしわざをお許し願いたい。

それでエートまずはじめに申し述べたいことは世の中の、作家と呼ばれる人々の多くはビョーキ的な人が多いな、ということである。「大いなる助走」に出てきたブンダン大家と呼ばれる人々がことごとく常軌を逸した描かれかたをしていたが、多少のカリカチュアライズはあるとしても、これはほぼ本当の話なんだろうな、とこの本を読みながら思っていたのだ。

ぼくは体質的にいわゆる「作品」は好んでも、それにつらなる「作家」とつきあうということはあまり好きではないので、二、三人の同世代作家をのぞいてほとんどつきあいがないからどんどん書いてしまうけれど、目下の日本の作家たちというのは何かちょっとみんな揃ってどっか精神のまん中のあたりがおかしくなっているんじゃないのか、と思うのだ。

そのひとつは、「大いなる助走」にも随所に出てきてからかわれていたが、ひとくちに言ってまず「エラソー」にしすぎている、ということでありますね。

以前ぼくはこのことを自分が編集している書評誌『本の雑誌』に「作家はそんなにエライのか?」というタイトルでヘンテコな文章をまとめたことがあるからくりかえすことはやめるがおどろくべきことに「センセイ」と言われないとムッとする作家が世の中には沢山いる、ということをよく知っているのだ。しかしそのまた逆に一方で「センセイなんて呼ばないで下さいよ、そいつはどうもねハハハ」なんて言っているので本当に「〇〇サン、えーとですねえ」なんていうとあからさまにムッとする、という作家も知っているのだ。面倒な人々なのである。

一、二度こういう人々が出没するという銀座の文壇クラブというところへ行ったことがあるけれど、あれはじつに異様な風景でありました。発情したブルドッグのようなセンセイがなじみの女の子を四、五人まわりにはべらせてレミーマルタンの水わりをのんでおり、そこからすこしはなれて編集者とおぼしき男二名が関係者A、Bというようなアジの開き的な顔をしてすわっていた。

その発情ブルはよく新聞の出版広告などで見る顔であったが実物は見ていて不愉快だった。どうしてもうすこしヒカエ目にさりげなく銀座の酒をのめないのだろうか。ましてやレミーマルタンの水わりなんて不思議なものをのむな。はずかしいぞとオレは思ったね。

しかしこんなのはまだいい方で、酔ってくるとめったやたらと女に抱きつく作家、やおら立ち上ってパンツをずり下げる作家、一万円札のチップをバラまきながら「ハイこれ一枚でオレの原稿用紙半分だもんな」とわめく作家等々、とにかくいろんなのがいるらしい。みんなみんなビョーキ以外の何ものでもないのだ。

ぼくはサラリーマン経験が長かったのでサラリーマンたちの飲み方というのをよく知っている。サラリーマンたちの酒というと、小説などで「上司の悪口ばかりをグダグダと……」なんていうふうな書かれかたをして、作家たちにとかくバカにされがちだ。しかし、ぼくが銀座にある流通関係の雑誌社につとめていた頃、仕事がらみでよくこういう高級クラブというようなところへ行った。そこでは経済人のエグゼクティブたちと飲む、ということが多かったけれど、それらの企業人というのはいつも静かにおとなしく平凡に酒をのんでいた。ぼくはいまこういう文章世界という虚業界の方に入ってしまったけれど、いまでも実業界の人々のたたずまい、というのが好きである。

それからまたその作家が書いている作品が、すべて自己のもっている性格能力態度思想の裏がえしである、という話もよく聞く。たとえばものすごくハードで精悍《せいかん》でナイーブでいい男で女に大モテで……なんていうスーパーヒーローを書き続けている作家本人がケチで小心で淫乱で下戸で痔もち、なんていうケースはよくあるらしい。しかしこういうのはよくわかるような気がするし、小説家が「小説書き」という仕事をしている以上それはそれで一向にかまわないと思うのだ。

しかし新聞の書籍広告などに、その作者がなにかその小説の主人公のような恰好をして、妙に眉をしかめてハードボイルドな顔つきをしている写真が出てきたり、あるいは、遠くの海の方などをユーウツ気に眺めていたりするところが出ている、なんていうのもよくあるけれど、ああいうのはしみじみと恥ずかしいのですね。なにか出版社も作者も広告屋もみんなして間違えちゃっているんじゃないんだろか、と思うのである。

話はすこしちがうけれど、ついでに言うと、ぼくは黒メガネをかけたゲージュツ家の人々というのはすべてなにがなしのインチキ性を内包している人々だと思っている。よくいるでしょう。ブンダン関係者以外にもカメラマン、コピーライター、デザイナーetc。そういう人々の黒メガネの下はたいていタニシ目かカブトムシ目でその実態はいかにも弱々しそうなんだけれど、こういうのもブンダン芸能化の大きなツールの中に入ってしまう現象なのでしょうね。

作家だろうが写真家だろうが、もうすこしさりげなくやっていこうじゃないの、というのが目下のぼくの希望である。恥ずかしくて見ていられないのだ。

「大いなる助走」は連載時に一度、単行本発売時に一度、そしてこの稿を書くために、と都合三回読んだ。ぼくはモーレッツなツツイストで、学生の頃から筒井康隆氏の作品はすべて読んできた。あの頃はまだ日本ＳＦの萌芽期に等しい頃で、ＳＦの新刊発売！というとすぐ「ソレッ」と言って本屋にとんで行ったものだ。とりわけ筒井さんの新刊というと、それは発刊予告時の一ヵ月ぐらい前からじっと息をひそめて待っていたものだ。思えば二十歳をすぎてこのかたあれほどひたむきに一人の作家の新刊の発売を待っていたことはないのである。そして筒井さんの作品はいつも期待を裏切らなかった。「ＳＦマガジン」や「ＳＦアドベンチャー」といったＳＦ専門誌から、いわゆる中間小説誌にまで筒井氏の作品発表の場が拡がったあたりでぼくの対応も忙しくなっていった。そうして、いまだにぼくは熱心に筒井さんの新しい作品を待っているのである。

ここまで、永い時間にわたってぼくを引きつけてしまっている筒井康隆の作品の魅力とは一体なんだろうか、ということを、実はこの文章を書く前にずっと考えていたのであるが、それを書いていっても先人の高名な人々による筒井康隆論の域をとうてい出られないだろう、ということがわかったのでここではそのことには触れない。

とにかく文壇の中にあって「大いなる助走」のような作品を平気で書いてしまう、という筒井氏の〝作家性〟といったものをとにかくぼくはひたすら個人的に讃歌したいのだ。それからまた筒井氏の作品にはたいていウスバカ的ゾウリムシタイプのウゾームゾー自称評論家がその自己の能力に対してあまりに理解不可能な筒井作品のハイクォリティＩＱパワーについていけず、とかくいろんな批判をわめきたてたりすることが多い。

しかし筒井氏はそういうものに対して、作家然として「わからんやつはわからんのさ」といいつつ無視してしまう、という多くの作家たちがよく見せる態度をとらない、というのもぼくが筒井さんの好きなところなのだ。「わからんやつにはわからんのさ」と言いつつ批判を無視してあたかも大家の大家たるたたずまいをみせながら本当は怒り狂っている、というような作家が多い中で、筒井さんは、むしろ敢然と反論する、というあたりが実に気持がいい。

ぼくはいまオーストラリアの海に一ヵ月ほどきているのだが、日本を出る前に先ごろの作品「虚航船団」についての批判に対する「虚航船団の逆襲」という本が出る、という情報をチラリと聞いて出てきてしまった。果してその本がもう出ているのかどうかよくわからないのだけれど、まさしく筒井さんらしくて素晴しいなあ、と思ってクニを出てきたのである。

さて、ぼくはいまグレートバリアリーフというところで長い船旅をしており、人喰い鮫のいる海に潜っていったり、ヘリコプターから飛びおりる、などという荒技をやっている。こういうことをしていると、日本に帰ってチョコチョコと文章など書いていく生活なんてもうイヤだなあ、とつくづく思ってしまうのだが、昨日新潮社の中村さんから国際電話が入った。だから今日は急速にまた原稿用紙マス目のヒトとなってしまったのである。

この旅に、ぼくは筒井さんの三一書房版「わが良き狼《ウルフ》」を持ってきた。この小説が一番好きなのだ。ぼくには全集が揃うのでオーストラリアのケインズにいる筒井康隆の熱狂的ファンであるジョデス・令子にプレゼントするためである。

さてもうひとつ「みだれ撃ち瀆書ノート」であるが、正直な話、この本にはまいりましたね。ぼくは『本の雑誌』の編集長であるから、書評というのは圧倒的に身近な行為であるわけだけれど、筒井さんというのはこの書評も実にうまいのだ。ま、それは当然のことかもしれないけれど、しかし当方の立場としては作家の人にあまりこのように簡潔に鋭くそのひとつひとつを勝負されてしまうと、困ってしまうのである。筒井さんにはもうあまり書評は書いてほしくない、と思うのであります。

書評でもっともバカなのは内容をきちんと読みこめずにエラソーに論評する朝日新聞の書評である。したがって筒井氏の書評における感性およびその論理性と朝日新聞のそれとは見事に対極にある、と思う。

つまり筒井さんというのは作家であるとともにもう一方できわめて正確で鋭いよき読者なのだ。このへんもぼくが筒井さんを好きな大きな理由のひとつである。

それで話はまたすこし変るけれど、さっきも書いたように作家というのが、自分の書いた作品に対する批評を想像以上にものすごく気にする、ということもこのごろ知った大きな発見である。

自分の作品についての書評、論評のスクラップを最大もらさずきちんと貼って集めている、という作家をぼくは何人も知っている。しかし、ケナされたからといってとくに何かをする、というのではなくて、じっと自分の極秘メモにそのことを記し、以降はてしなくその批判者の正体を探っていくのだという。おそろしい話ではないか。

しかしぼくだってろくでもないものを書いているくせに、自分の本の書評が出た、と聞くと実にまったく恥ずかしくなるほどそいつが気になる。できるだけ早く手に入れて読みたい、と思う。そうしてそこでほめられていればじつに無邪気にいい気分になるし、批判されていれば実にまったく露骨に腹を立ててしまう。そいつがあまりにもひどいマトはずれの論旨で、しかもあきらかに悪意に満ちたようなものであれば即座に突っ走っていって殴りたおしてしまおう、と思う。まじめにそう思う。しかしたいていそういう悪意書評というのは匿名もしくは無記名で、じっとモノカゲにかくれてこっちの様子をうかがっている、というようなケースが多いのだ。

「虚航船団」に対して、あるゴキブリ書評紙がわけ知り顔できわめてマトはずれな批判をしたとき、筒井氏は敢然とそいつに立ちむかっていたが、ぼくはこのやりとりがことのほか痛快であった。作家も異常なやつが多く、その作家をめざす同人誌世界の真実もおもしろおかしく、それらをしたり顔でとりまくドブ川論評界のおぞましさ、というのも、筒井康隆さんはちゃんと見つめ描いているのだなあ、と思いぼくはまた果てしなくうれしくなってしまったのである。

さて、このへんでこのおかしな文章はおわりです。いまチラリと読みかえしてみて、我ながらどうもこれはひどいものを書いてしまったなあ、と思うのだけれど、とにかく結論としては、かつてもいまも、日本の作家の中でもっともぼくをコーフンさせる人は筒井康隆さんしかいないのであります。そうしてそのことだけをヘタな選挙演説のように終日がなりたてていられればよかったのである。

明日、ひと足早く帰るスタッフにこの稿を持ち帰ってもらいます。単行本の解説の項に入れるにはあまりにもひどすぎる、と文句があってもぼくはまだしばらく海の上なのだから編集者も筒井さんも怒ろうがケトバしたいと思おうがとりあえずはどうにもできないのであります。

一九八四年一二月

夢をもらう本　BEST10

1『Les Paysages Intermédiaires』(Bernard Plossu 著、Centre Georges Pompidou)

悲しくないセンチメンタリズムが全編に横溢している本です。自分が写真を撮る上で刺激されます。その世界の息づかい、空気感、匂い、気温などが写真から伝わってきます。酒を飲みながら見ていると、絵が動き出したり、声が聞こえてくるような感じさえして来ます。遠い昔の思い出の故郷のような本。

2『絵で見る比較の世界』(ダイアグラム・グループ編著、草思社)

宇宙の大きさを比較する部分が好きです。宇宙で一番でっかい恒星に比較すると、この地球はカナブンくらいの大きさ……。そんなことを思うと、ぼーっとしてしまって、些細なことで悩んだりしなくていいんだ、と勇気づけられます。比較ということだけで、こんなにも刺激され、埋没できるなんてすごい。

3『離島の大物釣り』（井ノ口和雄著、東京書店）
釣りよりも、離島に興味があって買いました。あやしい探検隊で、出来るだけ面白い島に行こうと思って、日本の島を研究していたわけです。殆どの離島の本を調べた後、島よりも、島と根（岩礁）の中間のような場所を知りたくて、出会った本がこれでした。

4『もりのなか』（マリー・ホール・エッツ著、福音館書店）
物語世界の静けさが素晴らしい本です。子供が小さい頃、よく本を読んであげていたんですが、これを読むと子供がしーんとするんですね。その幻想的な世界には大人も触発されます。絵や写真から夢をもらう、そんな本の代表のひとつですね。

5『巨大生物図鑑』（デイビッド・ピーターズ著、偕成社）
『絵で見る比較の世界』と基本的には同じ質の本です。文句なしに楽しめる。恐竜も好きですが、巨大な海の生きものを見たりすると圧倒的に感動できますね。もっと世間で話題になってもよかったのになぁ……。

6『Aiwasowski』（Iwan K. Aiwasowski 著、Aurora-Kunstverlag）
これはロシア旅行中に買った十九世紀後半のロシア人画家の作品集です。旅すがらウォッカを飲みながらよく見ていました。特に荒れた海の難破船の絵は迫力があって怖いほどなんですね。本物もロシアの美術館で見ましたが、耳を聾するほど凄まじい波の音が聞こえてくるような、でっかい絵でした。

7『宇宙の征服』(C・ボーンステル画、ウィリー・レイ著、白揚社)

スプートニクが宇宙に行く前に書かれた本。目黒考二と競争で手に入れたかった本で、古本屋で見つけた時は自慢でした。スーパーリアルに描いてある宇宙の想像図がたまりません。この本をじっと見た後、本を閉じ、虚空に視線を漂わせ、ハアハア荒い息を吐きながら、宇宙の果てに思いを馳せたものです。

8『珍虫と奇虫』(奥本大三郎編著、小学館、学習百科図鑑46)

見て楽しい本です。ハナカマキリなんて、色っぽいんですよ。ウッフン、と言っているような感じでね。カマキリに色っぽさを感じてしまったわたし！　やっぱり、俗悪趣味に近いものがあるかもしれません……。

9『スーホの白い馬』(大塚勇三再話、福音館書店)

これを子供に読んであげると、泣くんですね。本当に静かな絵の世界なんです。モンゴルになんて自分は一生行けないだろうなぁ、と思っていた頃から好きな本でした。ずっと後になって実際に自分が行ってみると、草原の有り様がその通りだったんです。その時、すごく嬉しくて感激しました。

10『オンボロ飛行機物語』（ジェームス・ギルバート著、啓学出版）

羽田のモノレール駅にある書店の航空機本コーナーで発見した本。そもそも、ぼくは飛行機が大好きで、空を飛ぶ歴史に興味がありました。この本には本当にくだらない飛行機がいっぱい出てきます。やっぱり、博物誌的興味ですね。

初出不明

5章　まくらを持って旅をする

『走る男』打ちあけ話

二〇〇四年のぼくの最初の本は、小説『走る男』である。前年の三月から九月までの約半年間『週刊朝日』に同名のタイトルで連載してきたものだ。自著についての話は、言い訳めいたり宣伝めいたりと「めいたり」めくのであまりしないようにしているのだが、今回こういう雑誌(『一冊の本』)に書かせてもらう、ということは、そんな話をしてもいい、という前提があるようなので、ちょっとしたこの小説についての秘密というか「打ちあけ話」のようなものを書かせてもらうことにした。

で、実はということになるのだが、この小説、一九九三年に同じタイトルである雑誌に連載小説として書いていたのである。ある雑誌と隠すこともなかった。その頃中央公論社から『小説中公』という純文学誌と一般小説誌の中間をいくような雑誌が出ていた。ぼくはその雑誌に同名の「走る男」という小説を創刊号から連載していたのである。モチーフと最初の話の展開はほぼ同じである。

ある日、男はまったく理由もはっきりしない状況のなか、真夜中にパンツひとつで走っている。パンツひとつで走っているのはほかにもいて、後ろから獰猛な犬が何匹も追いかけてくる。

そういうところから話がはじまる。

あとはこのパンツひとつの男がなんとか服をかっぱらったり、食うものを見つけたりして、いうところのサバイバル男と化してひたすらとにかく〝走って〟いく。何かに追われ、そして何かを求めて〝走って〟いくのである。この小説は頭の中に全体のストーリーができていないまま書き出した。ぼくのような発作的でいい加減なモノカキは、連載小説というのはとにかく話をはじめてしまえばなんとかなるだろう、といきなり書きはじめてしまうことがよくある。とくにこのような「ロード・ストーリー」というか、主人公がひたすら移動していくような小説は、自分が主人公になったようなつもりで、書いていく話の進行に身をまかせ、ちゃんとした結末などあまり頭にないまま、次の締め切りがくるまでなんとかその次の話のおおざっぱな展開が頭に浮かぶだろう、というおそろしくいい加減なベースのもとに書いていくことが多い。

その方式でかつて『すばる』という純文学系の雑誌に「アド・バード」というＳＦを書きはじめ、一年の連載予定だったのだがなかなか終わらず、結局話を終わらせるまでに二年半もかかってしまったというどうしようもなくだらしのない前科を犯している。しかしその小説は恐ろしいことに結果的には日本ＳＦ大賞という大層なご褒美をいただいたので、このいきあたりばったり方式にはどこかで窮すれば通ず式の甘えがあった。

けれどその『小説中公』では結構苦戦していた。話が進んでいくうちにこの「走る男」をどうしていいかわからなくなってきたのだ。締め切りも遅れがちになり、連載六回目ぐらいでそろそろ話の結末にむかって、それまでやたらと広げてきたエピソードを収斂していく方向にいかねばならない。締め切りがあと一週間ぐらい、と迫ってきていよいよ困り、これは締め切りのがれのためにどこかに自分が走って〝逃げる〟しかないかな、と思っているところに『小説中公』の担当者から電話があり、おりいってお話ししたいことがあるので編集長と伺いたい、という。

話が支離滅裂になってきたのを編集部は察知してこれはいよいよお叱りを受けるのかもしれない、と覚悟して仕事場で両人をお待ちした。

そこでの話は予想外のことであった。

いろいろな事情があって突然だが次号から休刊ということになりました。連載途中ですのにまことに申し訳ない、とひどく固い表情で恐縮して話された。突然のことで驚いたが、しかし実はそのとき正直なはなし、ぼくはココロの内で〝ホッ〟としてもいたのである。これでいよいよ難しくなる後半戦のつじつま合わせの苦しみから解放されるのだ。しかしまさかそんなことを言える状況ではなく、ぼくも沈痛な面持ちで「まことに残念ですねえ」と遠くを見るような眼差しをした。

そして〝走る男〟は作者もその主人公も何故そんなにまでして走っているのか最後まで理由もよくわからないままむなしく終わりのない地平線の果てにむかって走り続けていったのである。

今度の『週刊朝日』の連載小説はほかに確固たるテーマもモチーフもないまま、気がつくと早くも約束の連載開始となり、そこでこの時の〝走る男〟を思い出した。そうだ！　あいつをなんとかしてやりたい、と思ったのである。そこで同じタイトル、同じ設定（つまり冒頭、男がパンツひとつで走っている）というところから、新たな構想のもと、今度は話の展開に行き詰まらないようになんでもありのSFで行くことにした。

時代も状況も場所も違う世界をまたその男に走らせた。なんとも乱暴な話だが、挫折した前作が月刊誌であったのにたいしてこんどのリメイク版は週刊誌なので否応なしに展開が早い。毎週締め切りは必ずくるからとにかくこの男は走り続けなければならなかった。

その時期、ぼくは他に『週刊文春』『週刊現代』『週刊金曜日』『夕刊フジ』に連載をしていて合計五つの週刊の連載を抱えている大バカローテーションの中にいた。

そういう状況の中でとにかく男を走らせなくてはならなかった。それでなくとも外国を含めて旅の多い日々だったので、この小説の締め切り日が一番厳しかった。そのまま外国のどこかにぼく自身が〝逃げる男〟となりたいほどであった。

漸く十年ぶりに小説の中の男は「走る」ことから解放され、今はホッとして作者とともにポカリスエットなど飲んで苦しい息を鎮めているところなのである。

『一冊の本』二〇〇四年一月

タカラモノとしての本を求めて

子供の頃、ぼくの住んでいた町には「本屋さん」が七軒あった。東京湾に面した小さな漁師町にしては、〝文化度〟が高かったような気もするが、でもあの頃、人口二千人ぐらいの町にはたいていそのくらいの数の「本屋さん」があったのではないだろうか。子供の頃で、近くの町にはあまり行かなかったからそのへんはよくわからないが、後に（数十年経って）「減りつづける書店」などという統計を見ると、ぼくの子供の頃は日本のあらゆる町にごく普通に「町の本屋さん」があったのだと見当がつく。

子供にとって町の本屋さんは唯一気軽に入れる「お店」だった。ほかのものを売っている店、たとえば八百屋さんに入れば子供といえども一応ダイコンとかニンジンなんぞ何かしら買って帰るのが礼儀だ。

魚屋さんをひと回りし「フーン、今はブリやイカが沢山あるんだな。フーン、鯛はないのか」なんていってぐるっと回って何も買わずに帰る子供なんていうのはあまりいなかったように思う。下駄屋さんも乾物屋さんも小間物屋さんもみんなそうだった。お店に入るからには大人も子供も何か買うため、もしくは何か探すためだった。

その点、本屋さんは唯一子供が入って、ひとわたり店内を歩いて何か立ち読みして、でも何も買わずにさっと出てくることができた。そういう意味では「お店」のなかでは「本屋さん」は子供にやさしく一番安心できるところだった。

成長してくるとぼくは大きな街に越し「本屋さん」は「書店」となり、そこに行くときはたいてい何か正しい用があった。ほしい本を買う、という用である。

東京にある主だった書店はだいたいわかっていた。サラリーマン時代は十年ほど銀座にいたので、銀座の書店が中心で、あとは仲間とよく飲む新宿になる。どこも何階も階層があり、本の分類もしっかりした、書店文化の「知の迫力」というようなものをどこかしらで感じる領域だった。今思うとあれは書店の黄金時代だったのかもしれない。

駅の近くの書店には、そこまで大きくはなくても新刊本は出たその日に入荷され、雑誌は主立ったものはたいてい並んでいた。

駅前書店、というのはけっこうちゃんとした機能を果たしていたし、本を買うというさしたる目的がないところでは待ち人との時間調整や雨宿りなどに入っていくと意外な「発見本」があったりして、規模による本の優劣というのはあまりなかったように思う。

これは各書店の経営者なり店長なりの本に対するこだわりが、自分の店の書棚の品揃えにそっくり反映されていたからなのだろう。

サラリーマン時代、武蔵野に住んでいたが、そこにも三店の、街の規模としてはそれぞれけっこう大きい書店があって、ぼくは日曜日になると遅い午後にゲタをはいてその三つの書店を回るのを楽しみにしていた。住居に近いところにある書店の場合は自然に経営者＝店長と親しくなり、そういう店の人ととりとめのない話を交わすのがまたもうひとつの楽しみであった。

当時はこういう郊外の町にもちゃんとした古書店があった。中央線、国分寺駅の南口に二店。当時のぼくの家はその駅から単線の私鉄で二駅ほどさらに郊外に入っていくところにあった。途中「恋《こい》ヶ《が》窪《くぼ》」などというなかなか胸騒ぎのする名の駅があって、そのあたりは大岡昇平の小説『武蔵野夫人』の舞台になったところだ。

国分寺で郊外電車の発車を待つあいだ、ぼくは駅前のふたつの書店によく顔を出した。一軒はあまりたいした品揃えではなくやる気もなさそうだったが、「国分寺書店」は構えも立派だし、キチンと並べられた本は「古本」というよりもキッパリ「古書」であった。やってくる客で年配の人は国文学や史書などを買っていた。

そしてレジに座っているおばあさんが実に貫禄があった。神田古書街の骨のある古書店の主人の気配で、実際本や作家についていろいろ詳しかった。あとで聞いて知ったが、津田塾大学を出た才媛ということであった。ただしこの老主人が怖かった。

客が平積みになった本の上にカバンなど不用意に置くと、たちまち怒られた。雨の日に濡れた傘などいいかげんに持って入るとやはり叱声がとんだ。近くにややのんびりした大学があって、そこの男子学生などがいつもオコラレテいた。ぼくもしばしば思いがけないことで怒られた。

だからこの店を知っている者はこの店に入ると緊張した。ピンと張りつめた空気がその気配をさらに加速させる。

今思えば、この老主人が客に怒って言っていたことは全部正しかったのである。日本の若者はあの頃から世間知らずで常識のあいまいな大人子供みたいなのが増えてきていて、国分寺書店の老主人（オババ）はすべてにその非常識を指摘していたのだった。当時、風潮として子供の親離れがすすみ、そのあたりの大学には、親からキチンとした社会人としての教育を受けず、そのまま都会に出てきちゃったようなのがいっぱいいたのだろう。

その古書店のオババは、そうした親が教えてくれない一般社会での常識的作法をキチンとその店で教えてくれていたのである。

ぼくがモノカキになってから、この店での出来事を面白可笑しく書いた『さらば国分寺書店のオババ』といういいかげんな本を出したら、これが売れてしまった。ベストセラーとなり、それがきっかけでぼくはあやしげなモノカキとしてこの業界に入ってきたのである。今思えばぼくもその世間のことを何も知らないバカなワカモノの一人で、かなりあからさまにそのオババとお店のことを挨拶もコトワリもなしに本に書いてしまった（そんな売れるとは思いもしなかったのである）。そして結果としてはぼくのオババはぼくの恩人となった人なのである。

二〇〇〇年にぼくは武蔵野から都心の家に引っ越し、それからはもう国分寺界隈に行くことはなくなった。駅前は再開発され知らないうちに「国分寺書店」も消えた。かなりショックなことだった。だってぼくは断りもなしにそのお店のことや老主人のことを書いてしまったことのお詫びとして「お菓子」など持ってその店を訪ねたときのことだったからだ。本当に「さらば」となってしまっていたのだった。

自分が住んでいる家の近くにちゃんとした新刊書店や古書店があるということは、たいへん贅沢なことであり、それこそが「文化」なのだな、と今になるとつくづく実感する。

モノカキという仕事がら書いているものにからんで思いがけない方面の書籍資料が必要になる。それからまた、いつも何かしらの刺激を敏感に受け入れるために、自分が興味を持ちそうなことが書いてある本を探している。こういう要求になると大きな書店でないと無理だ。何しろぼくはしばしば「犬もあるけば」式にまったく無目的に自然書、科学書、人文書などのコーナーを歩き回っていることが多いからだ。そこで書架に並んでいる書籍の背を見て、ちょっとでもこっちの「思い」の何かがピンとくればその本をミズテンでひっぱり出す、ということになる。実際そういう方法でずいぶん希少な、そして刺激的な本を手に入れてきた。これは大げさにいうと書架のなかの夥《おびただ》しい〝本の海〟のなかからタカラモノを見つけ出したような喜びに近い。

げんにそういうふうに出会った本からの刺激によって何本かの小説やエッセイを書いたことがある。そうなるとアイデア枯渇作家にとって書店の書架はマツタケ狩りの秘密の狩場に近いような「都会の宝山」である。

時間があるときはそのようにして都内の大型書店をハシゴして歩き、そこそこの成果をあげてきた。そういうときは家に帰って、一冊ずつ点検するヨロコビがさらにそこに加わる。そこから何を得られるかわからない、という点ではぼくにとっては都会の大型書店は「知の秘境」であるのかもしれない。

ぼくはいろいろな旅に出る。世界の秘境と言われるようなところが多い。本と同じく実際の秘境の旅は面白いことと不思議なこと驚嘆すべきことの連続である。

あるときアマゾンの奥地に行った。行く前に『アマゾン河の博物学者』（H・W・ベイツ著、長沢純夫、大曾根静香訳、新思索社）をはじめとして沢山のアマゾン関係の本を読んでいった。こうした古典的、基本的知識を身につけていくと、現地の風景はきわだってくる。アマゾンにはおよそまともな神経ではたちうちできないような進化をとげた動物、植物を沢山見る。ベイツなどの本を読んでうろおぼえのものもいくつかあったが、これはまるで知らないぞ、というようなものも見る。もしかしたらぼくの大発見かもしれない、などと写真に撮りスケッチに詳細を描いて戻ってきて、また大型書店を歩いてそういうようなものが出ていそうな本を探す。なかなか見つからないがやっと見つけたそれらしい本に、ぼくの発見したものはうんとむかしに、やはりそれは詳細に分析されていた、などということを知ると、当然「ガッカリ」はするが、しかしそれならそれでやはり書物はすばらしいなあ、という大きな感慨に「頭を垂れる」思いを知るのである。

今はほんの数分の一時駐車でもすぐキップを切られるせちがらい状況になってしまったが、ああいうものがなかった時代、ぼくは家からクルマで神田に行って裏通りにクルマをおき、ひとつの店で最低一時間は滞留し、そこでタカラモノを見つけるのが一日がかりの楽しみだったことがある。

なにしろ粗製乱造作家のぼくは、集中して本を買うときはもの凄い量になり、それらの本はその日のうちに自宅でパラパラやりたい、という性癖があるので、このクルマ仕入れでないと精神が満足しないのである。

今は新刊書、古書問わず何かのついでに都内のコレハ！　という店に行って一、二時間じっくり書架を吟味し、タカラモノの発掘を楽しみにしている。年齢的にもむかしの、漁でいえば大きな網を持ってトロール漁船のように本をまとめて捕獲する、というやりかたから、落ちついた日溜まり一本釣り作戦のようなものに転じてきているのかもしれない。

捕獲量は少ないが、コレハ！　というタカラモノがときおりピチピチはねながら我が手中におさまるのである。

ぼくは旅が多いのだが、ひところは地方の歴史ある街に行くと必ずその土地の新刊書店と古書店に寄った。新刊書の書店には業界用語でいう「ショタレ本＝長く棚に置かれたままになっている」があって、これが古書店効果を発揮して、とうに絶版になって諦めていた本などが見つかったりするからである。また古書店には、その地方でしか出なかったような希少本がけっこう見つかる。魚でいえば「鮒鮨《ふなずし》」になるニゴロブナのようなものだ。東北や沖縄で、こういうエリア出版本というような本をけっこう手にすることができる。

ただ、最近気になるのが全国にひろがっているいわゆる「新古書店」という、そのときだけの流行りの本やマンガなどしか置いていない大型書店がやたら目立つことで、なんだか「文化」としてもったいない。

全国の若者が、あれを「書店」と思ってしまうのでは嫌だなあ、と思うのだ。つまりは新刊書も古書も区別のつかない文化がいま日本の最前線に出ているのだ。ああいう書店だけしか見ていない若者が、大都会の本物の巨大書店や神田あたりの古書店街を見て早く「何か」を知ってくれたらなあ、と思うのだ。

『ｋｏｔｏｂａ』二〇一三年春号

読めるか？　書けるか？

世界のいろんな国を旅していると「多すぎて見えない現象」あるいは「多すぎて感じない現象」というようなものがあるのではないか、と思うようになってきた。

たとえばネパールのシェルパ族やチベットの山岳遊牧民は星にあまり興味がない。そういうところに住んでいる子供たちはロケットや飛行機などの空想画は描いても星を描く子はいないようだ。生まれたときから星だらけの下にいるのだから満天の星空などどうでもいいのだろう。

モンゴルの草原遊牧民は花に興味がない。あるとき見渡すかぎりエーデルワイスの群生を見たことがあるが、モンゴル人は誰もその花の名を知らなかった。関心がないのだ。季節になるとあたり一面いろんな花が咲き乱れる風景ばかり見ているから、その程度のことなどありふれていてどうでもいいのだろう。

同じように熱帯の島々の人はサンゴにあまり興味はない。漁師などは網がひっかかったりするので、かえってサンゴは邪魔だという。

イヌイットは氷および流氷にまったく関心がない。季節になれば当然そこにいつもあるものだから意識する必要もないのだ。

極端な例ではアマゾンやパンタナールではワニが百匹ぐらいそこらにいても人々はなんのこともなく普通に生活している。アザラシが一頭迷い込んできただけで大騒ぎになる日本という国に住んでいると、どっちが正常なのかわからなくなってくる。

こういう風景をいろいろ眺《なが》めてくると、あるときモノゴトの本質がいきなり見えたような気になる。たとえば十年ほど前、石垣島の白保というサンゴ礁《しょう》のつらなる海の中に空港をつくろうとする動きがあり、推進派と反対派による激しい衝突があった。

反対派は自然保護の見地からであった。確かにその海は世界でも珍しい程に浜辺近くに豊かなサンゴの群生する海で、空港をつくればその海はひとたまりもなく死ぬことがあきらかだった。

ほかに土地があるというのにどうしてこのような美しい場所をわざわざ土砂やコンクリートで埋め立てて空港をつくろうとするのか、そもそもの発想が不思議でならなかったのだが、どうも本音のところはサンゴの海に囲まれている島の人々にとっては、そこも子供の頃《ころ》から目にしていたありふれた海のひとつにすぎなかった、というところがあるようだった。「サンゴなんて日本中にあるのにさあ」と推進派の漁師に言われたことがある。それと同時に難工事になればなるほど儲《もう》かる人々がいる、というこの国独特の理由もあるのだろうが……。

都会で多すぎて見えないものは何なのだろうかと考えた。まず思い浮かぶのは「人間」だろう。人間が多すぎるから人間が目に入らない、という現象はいたるところであるような気がする。

ひところ電車の中で化粧したり食事をしたりする人のことが話題になった。人があまりにも周りに多すぎるので人が見えない、というふうに考えたらハナシはわかる。

世界の国々と較《くら》べて、もうひとつ日本で圧倒的に多く感じるのは絶え間なく錯綜《さくそう》するたくさんの声である。

駅や電車やバス、空港、遊園地、大規模商業施設などにはいたるところでいろんな声が拡声器から溢《あふ》れてくる。エスカレーターは機械の声で「あぶないから手すりにつかまれ」とか「足元に気をつけろ」などと一日中叫びまくり、駅では「電車は何秒後に到着する」とか「あぶないから白線の内側に下がれ」などといった大声がひびき、その電車の中では「揺れるから吊り革につかまれ」とか「網棚にモノを忘れるな」とか「次は右側のドアがあく」「ドアに手を挟まれるな」などなどといった幼稚園じみた注意の声が頭の上からおりてくる。これほど沢山《たくさん》の声が（しかも大きな声が）溢れかえっている都市は世界でも珍しいようだ。

この異常さは外国に長く住んでいる日本人が一時的に日本に帰ってくると異口同音に必ず指摘することである。しかし現実的にはこれらの「記号化」されたマニュアル声や機械の声をちゃんと情報として聞いている人は殆《ほとん》どいないようである。あまりにもそれらの声（ことば）が多すぎるから、いちいち真剣に聞いていたらその人の知覚や精神がたちまち疲労してしまうからだろう。

都会には書店や本もいっぱいあって誰《だれ》でも買うことができるから本への有り難みがなくなっている。ほんの数年前まで中国の書店では書籍はみんな奥の棚《たな》に入っていて、欲しい本はカウンターの中の販売員に申請しないと手にできなかった。本の存在そのものが貴重だったから本は熟読された。本と同時に文字やことばが大切にされていたのだ。

モンゴルはかつて母国語を奪われ、よその国の言葉（キリル文字）で自分たちのことばの文化を継承していた。戦争などによって母国語を奪われる国は結構多い。そうした人々は自分の国のことばを大切にしている。

日本はことばに関して自由で豊かであった。母国語を禁止されることもなく本を書くのも読むのも自由だ。読書禁止令が出て焚書《ふんしょ》されたこともない。

日本語は漢字とひらがな、カタカナの組み合わせで、最近はそこに英語が（和製英語もふくめて）濃厚に混在しているから気の遠くなるほどことばが多く、しかもその使い方の範囲と用法が広く、変化も激しいからどれが正確な語法でどれが誤りか、などということがまことに分かりにくくなっている。

誤った用法を使っていても誤りがわからなければ、それをただす人もおらず「ことば」の重さがどんどん軽くなっている。多すぎる「ことば」を持った民族や国家は言語文化として裕福な状況にいるといっていいのだろうか疑問である。

若者たちは自分たちだけのことば（世代語）をつくって日本語の本来から離れていくのにためらいも抵抗もない。日本語の重みがそんなふうにどんどんなくなっているのに、年中行事のように繰り返される国語審議会の「ことばいじり」がある。そのたびにことばの何かが変わるのだが、それらはごく一部の国語学者あたりには重要なことかも知れないが、それを使えと言われる国民には何がどうなったのか意味が不明であったりしてたいした関心もないようだ。

こんなふうに考えていくと、いま日本語の乱れがしばしば問題になっているが、それも仕方がないことではないのか、と思うのである。すでに純粋な日本語などは日本語の研究者ぐらいしか分からなくなっているのだから、二十歳ぐらいの青年が日本のことばの歴史からいったら「幼児」のような単純反応語しかできなくても仕方がないのではないだろうか。

「食べれる」「着れる」「見れる」などの「ら」抜きことばが若者たちの間で定着しつつある。あの誤用は、ぼくぐらいの昭和世代までが相当な抵抗感をもっていたようだが、それ以降の世代はわりあいあっけなくそれらを受け入れてしまったようで、今は一流と言われる雑誌でさえ普通に使っているのでびっくりすることがある。

いや、正直に「ら」抜きを言うとびっくりしなかった。「どうでもいい」という気分が強かった。

「ら」抜きことばは個人的にはまったく受け付けない嫌いなことばだが、ことばを武器にするジャーナリズムも、武器であることばに対して厳然とした規範をもっていないのはあきらかだからもうどうしようもないのだろうな、という諦《あきら》めの気持ちが先にある。

早晩この「ら」抜きは通常語になっていくのだろうが、自分は使わないし、書かない、というふうに決めただけでぼくの中の違和感は納《おさ》まってしまった。

だからいまサービス業に従事する若者丁寧ことばの「こちら○○でよろしかったですか」も「○○のほうおもちしました」も現在はいかにもヘンテコであるが、ことばが多すぎてそれの扱いに「ぞんざい」になってしまった国であるから、これも間もなく定着していくのだろうと思う。それはもう仕方がない話なのだろう。ことばを大事にしなかった国のことばの文化はそんなものだろう、と思うのである。

『文藝春秋』二〇〇五年三月

小さく軽くゆったりと

しょっちゅう旅行に出ている。平均すると一カ月のうち半分ぐらいはヨソの土地にいるような気がする。外国も含めてのことだが、長い旅になると一カ月家を空けるなどということはざらになってしまった。そういう人生を続けていると、知らず知らずのうちに効率的に移動する術のようなものを身につけてくる。

まず移動するために持っていく荷物だが、どんな旅にせよ少なければ少ないにこしたことはない。軽ければ軽いほど楽である。旅に出る前にその目的に沿って持っていくものを選ぶのが昔は苦手であったが、今は妙に楽しみになってしまった。ボクシングの選手が試合に臨んでウェイトを絞っていくのは、最初は辛いけれど、ランナーズハイのように次第に陶酔感を持って目標を達成していくというがそんな気分だろうか。

昔カヌーイストの野田知佑さんに聞いた話だが、彼がリバーツーリングをするときカヌーに乗せる重量を制限するため、鉛筆の重さまで計算に入れて、芯の交換式のものを持っていく、ということを聞いて、妙に感動した記憶がある。そういうことも今のぼくの旅の装備に影響しているような気がする。どんな旅にも持っていく品物も最小限のもので厳選されているので、それを基本にして行き先の条件を考え、服装計画などをたてる。

もうひとつ重要なのは持っていく本の品揃えだ。これは当然文庫や新書というコンパクトな本に限るが、長い海外旅行などの場合は読み終わってしまったのにその本をさらに旅の最後まで持って歩くということの無駄に気づいた。ひと頃は旅先で出会った日本人などにあげていたが、辺境地になってくると日本人に会うことも滅多にないのでそういう再利用も難しい。ましてや本は趣味嗜好に左右されるからもらう人も迷惑だったりするということも考えなければならない。

そこで最近は、読んだらもう我が人生でその本は二度と読み返すことがないだろうという本に絞って品揃えしていくことにしている。これだと読み終わったらその場でどんどん惜しげもなく捨ててしまえる。キャンプなどのときはその本を焚きつけがわりにする。持っていった本の中には、思いがけないほど面白い話で捨てたり燃やしたりするのが忍びないと思うときもあるが、そんなことを考えているときりがないので今は割り切ってじゃんじゃん処分してしまう。

これに気付いたのは二、三年前のことで、もっと早くからこの方式をとればよかったと、わが本箱を眺めながら思っている。読んだら捨てるという観点から見ていくと、読もうと思ってまだ読んでいない本がぞろぞろ出てくるのにもいささか閉口している。

このことに関連してもうひとつ大事なのは、小さな電球をつけたクリップ式のライトを持っていくことも重要だ。日本のホテルや旅館はちょっと気取っていると、ベッドサイドについている読書灯などまるで本を読むのには役に立たず、閉口することが多い。そこでこのクリップ式のライトがものをいう。

ホテルや旅館のないところで泊まることも多いから、そのためにはヘッドランプが必要になる。ヘッドランプは十年ほど前はやたらに大きなバッテリーを使うわりには暗い電球で、本を読むのには相当苦労したが、最近はリチウムの照度の明るい、しかも軽いのがいくつものメーカーから出ていて、アウトドア用品の中ではこの分野の開発が一番ありがたいと思っている。

ぼくの荷物の中でさらに大きな存在は、重さ五百グラムのシュラフである。これは薄くて軽いわりには○度まで耐えられるスグレモノで、カナダのアウトドアショップで手に入れた。これがあると外国の空港の長いトランジットなどでもすばやくそいつにもぐり込んでザックを枕に本を読み仮眠をとることもできるから、今や必需品になっている。

あとは服装だが、しっかり足にあったワーキングブーツとスグレモノのポリエステル系の下着数枚、やはり小さく畳めるダウンのインナー、防水加工したフィールドパーカーを組み合わせれば無敵である。

けれどこの前サンフランシスコの空港でアウトドアスタイルの女性が大きな枕を抱えているのを見て注目した。この人は待合室の長椅子に枕を斜めに立てて、それをクッションに優雅に本を読んでいた。その枕作戦を見て〝人間は自由だ!〟などと妙に大げさに感心して心を動かされているところだ。

『日販通信』二〇〇六年七月

やっとわかった理由＝訳——この雑誌の中には本当の人間が息づいている

気にとめていたことの理由＝訳がわかったとき、嬉しい気持ちになる。たとえば『魚沼へ』という凄い雑誌だ。いつの頃からか、ぼくの事務所にこの雑誌が送られてくるようになった。むかしいくつかの雑誌を編集していたので、雑誌が好きだから見知らぬ雑誌は必ず読んでみる。『魚沼へ』はひとめで、編集のうまい雑誌だな、と思った。センスの問題だ。

それから魚沼という土地がむかしから好きだったから、内容がとても参考になる。役にたつ。いつしか愛読者になっていた。あとで書くが、でも迂闊な読者だった。魚沼とのつながりは、高橋政廣先生がまず最初だった。かつて新潟県立国際情報高校の教師をしていて今でもときおり会う。

生きていく時代を間違えてしまったのではないかと思うくらいの古典的な熱血漢で、まぶしいくらいだ。日本にもまだこんなに素晴らしい先生がいるんだ、と幾度も感激した。

一九八八年、高橋先生が県立湯沢高校に赴任している頃、頼まれて学校へ話をしにいったことがある。

講演などという大袈裟なものではなく単なる「お話」だ。みんな真剣にぼくの話を聞いてくれた。あれから二十年経っているから彼らはいまは三十代のなかば。自分の家庭をもっている人も多いだろう。

帰りにみんなが送ってくれた。トンネルを抜けて東京にかえってきたけれど、不思議な温かみと充足感があった。

みんな本当にちゃんとぼくの途方もない破綻と波瀾にみちた話を聞いてくれたし、終わったあとの実行班の生徒らとの質問茶話会でも、いまの高校生の率直な夢や悩みをきけてぼくのほうが沢山の収穫があった。

今年の秋にも高橋先生の、最後の赴任校となるらしい国際情報高校で生徒に「お話」をすることになっている。魚沼の熱い心が大切な記憶になっている。

それからもうひとつ『自遊人』という雑誌とのつきあいだ。いまの四十代から五十代ぐらいの大人の男の余暇人生が編集の主軸になっている。

縁あってぼくはここでかなり長期の連載を担当している。この会社の岩佐社長が、早い時代から本格的なエコロジー・ライフを実践していて、無農薬栽培の研究をしており、究極はコメにいきついた。

書店で手にとってもらうとわかるが、大判（A4）で通常百六十ページほどもあるかなり豪華な、念のいった取材記事が載っている隔月発行の雑誌で人気がある。

この雑誌と付き合うようになって驚いたことがいくつかあるが、編集部は魚沼の田園のまんなかにあるのだ。

営業部は東京の日本橋にあるが小さなオフィスで小人数だ。しかし編集部は大所帯。どうしてそんなコトになっているかというと、今の時代の雑誌編集はコンピューターが主力になっているから、データの通信回路が確保されていれば、必ずしも都会に編集部がなくてもまったく問題なく豪華でカラフルな雑誌が編集できるのである。

あるときそこへ行ってみて驚いた。魚沼の広々とした田園の中の大きな倉庫を借りているのだが、中はゆったりとしたスペースで、編集室の隣には屋内バスケットボールのコートまである。家賃が安いから東京では夢のようなコトが平気でできるのである。聞いてみるとデザイナーの一人は石垣島に住んでいるという。印刷は東京でやっているが、これは印刷屋の仕事であるから、編集者は魚沼にそのままいればいい。雑誌の編集は今や都会であるべき、という立地条件の制約はまったく関係なくなっているのだな、ということを目のあたりにしたのだった。

さらにエコロジーを追求するこの雑誌の経営者は魚沼に田を借りて、そこで鴨をいれたり錦鯉をいれたりの、農薬を使わない理想的なコメ作りに乗り出している。そこに行ってみると「自遊田」と表示があって、稲が元気よく育っていた。

以上はぼくと魚沼とのつながりだが、今回『魚沼へ』からの原稿依頼があって、差し出し人をみると、むかしからよく知っている人の名である。同封されていた手紙を見て「やっと！」わかった。

そうか。森田さんのところが編集していたのか。彼がむかし勤めていた『山と溪谷』ででもぼくはいろんな取材をし、連載を書き、単行本も作ってもらった。そのプロ編集者が作っていた雑誌なのであった！

どうりで圧倒的に編集センスがあり、中身が濃いわけである。当初送られてきたとき中身は読んでいても最終ページに小さく書いてある編集者の名前までは気がつかなかった。

それがつまり、冒頭に書いた「やっとわかった理由＝訳」というものである。

この雑誌の表紙にいつも地元のいい面構えをしたおじさんが出てきて、こういうところからまず嬉しくなる。いま世間のあちこちに大部数で出回っている週刊誌などにはタレントの娘などが表紙になっているのが常だけれど、あんなプラスチック人形みたいな、どれもみんな同じ無個性の顔を見るよりもはるか『魚沼へ』のおじさんのほうがいい。どの顔にもかけがえのない人生が刻まれていて、見ているこっちも思わず表紙のおじさんのように笑ってしまう。地域の息吹を伝える雑誌はこれでいいのだと思う。

この『魚沼へ』と並んで、いまぼくがもうひとつ注目している雑誌は岩手県の雫石で出されている雫石応援マガジン『tan-tan』である。この雑誌に出てくるヒトも全部土地の人であり、やはり編集者の並でないぶっとんだセンスがズコンと既成の枠から抜けているので、大部数雑誌よりもよほど読み応えがある。創刊準備号の表紙など、地元の「山羊」が出ていて「今こそ、ヤギの声を聞け!」とある。『魚沼へ』とともに目がはなせない雑誌だ。

――ということを書いていたら、この雑誌は行政のバックアップによっているという。そのウエの方の人がたぶんむかしの小学校のキオツケ校長のヒトなのだろう。都会の凡百の編集センスを超えるこの雑誌の面白さがわからないのか目下は中断して続刊が出てこない。もったいないのだ。

『魚沼へ』二〇〇八年秋

茫々としたあわいの心しみじみと
――『お寺散歩』(沢野ひとし著、新日本出版社)

著者の沢野君は高校時代からの知り合いで、互いに現在の仕事になってからもぼくの小説やエッセイに専属のようにしてイラストをつけてもらっている。若いじぶんには仲間らと一緒にアパートで共同生活などをしていたが、歳《とし》をへるにしたがって彼の自分勝手で人の悪口ばかり言っている嫌な性格がさらに増し面倒くさくなって近頃《ごろ》はあまりあわないようにしている。

けれど久しぶりに彼の書いた本書を読んで感心してしまった。もともと山歩きが好きで何かに傾倒するとそれにのめり込む性格だったが、近頃はお寺を回っているとは知らなかった。ああいう身勝手な男も還暦をすぎていつの間にかひっそりと人生の機微などを語るようになったのか、という驚きと、そこで語られる風景や事象への茫々《ぼうぼう》としたあわいの心がずいぶんしみじみ伝わってきて、思わず感動してしまったからだ。

ここで語られる寺参りのいくつものエピソードはそれぞれ短く断片的でしかないが、そのひとつひとつに、通りすぎてきたおのれの人生の慙愧《ざんき》や悔恨が、流れの底の岩のようにごつごつ重く存在しているのを感じ、遠くなってしまった友人の思いがけない心の深みを知ったような気がした。

沖縄に移住した自分の娘を迎えにいき、帰りに金武観音に立ち寄ってくるエピソードがいい。娘はかなり年上の男に騙《だま》され、心に傷を負って父の救出を乞《こ》うたのだ。淡々とした語り口がかえってその茫漠とした哀《かな》しみをきわだたせていて、彼もずいぶん文章がうまくなったなあ、と思った。友人の書いたものをこうして臆面《おくめん》もなく褒めるのもナンであるけれど、彼の本のことについて書くのはこれが初めてなのでどうかお許し願いたい。このところ小説のテーマと手法に行き詰まっているぼくなどは、これをベースにしてもっと書き込んでいけば完全に私小説の傑作になる、とはがみする思いで読んだのでもある。

『しんぶん赤旗』二〇〇五年三月六日

〝心が子供〟の人――『ときどきの少年』（五味太郎著、新潮文庫）

師走《しわす》だが平日の新宿南口にある紀伊國屋《きのくにや》はこんでいた。とくに子供の本売り場がにぎやかだ。ＢＧＭのジングルベルがなり、売り場はここぞとばかりクリスマスの子供用の品ぞろえでキラキラしていた。

ぼくはアメリカ生まれの三人の孫のクリスマスプレゼントを買いに来ていた。歳によって本の微妙なレベル差が難しい。

五味太郎さんの本が壁面いっぱいにディスプレイされていた。『ことわざ絵本』『言葉図鑑』のシリーズがとても魅力的だ。わが孫の小学二年生にも幼稚園の年長クラスの子にも喜ばれるような内容だ。喧嘩《けんか》になるから二冊ずつ買った。

それから五味さんの最近の創作絵本を何冊か見た。相変わらずどれもイキイキとしている。発想が飛び抜けて「子供」だ。

子供の心をよくわかっていて商品として「子供の本」を作っているのではなく、作者の心が子供なのだと思った。そういう人はいまの時代どんどん少なくなった。

五味さんと、もう亡くなってしまってとても残念だけれど長新太さんが「子供」だった。ぼくは二人の子供を育て、いまアメリカから帰ってきた三人の孫ファミリーが近所に住んでいるので、子供と絵本、というのはいろんな角度から興味があり、プロからみたらまるでお話にならないだろうが、ぼくも絵本を五冊ほど書いている。それから絵本についての感想文みたいな『絵本たんけん隊』という本も書いた。だからいくらか、子供と絵本の現場を知っているつもりだ。

そうしてほぼ結論的にわかってきたのは、ほんとうに子供の気持ちをとらえる絵本作家は数少なく、その絵本が本当に子供の心をとらえているか、ということは子供の対応をみないとまるでわからない、ということだった。

たとえば長さんの絵本に『ころころにゃーん』という絵本がある。これはネコがいてそこになんだかよくわからない丸いものがころがってきてネコの背中に乗っていく。そのたびにころころにゃーんというのだ。

それが繰り返される。大人が見たらおそらく誰もなんだかわからない話だ。仕事の上で沢山の絵本を見てきたぼくも「よくわからなかった」。

でもぼくのところの三匹の孫たちはこの本を見るとケラケラ笑って喜ぶ。例外なく喜ぶ。子供の心を持った大人、という言われ方をされる作家がいるが、そういう人の名人技がこういう本ということになるのだろう。

五味太郎さんの『がいこつさん』も大人がみるとなかなか難しい。この物語が意図しているものはなんだろうか。教訓的な支えは何か、などとろくでもないことを考えてしまうからだ。けれどこの本も子供たちは真剣に面白がる。何度も読みたがる。長さんはご自分のことを「ぼくは天才だからねえ。だから大人にはわからないけれど子供にはそれがわかるのよ」と何かの雑誌インタビューで言っていた。五味さんは自分では言わないけれど、長さんと同じスタンスの天才なんだろうと思う。

数年前にテレビの絵本特集の取材レポートをやることになり、五味さんに会いに行った。五味さんはぼくとほぼ同世代だけれど半ズボンをはいたイタズラ小僧そのままの雰囲気で出てきた。

「五味さんはヘンですねえ。なんでガイコツが街を歩くんですか」

ぼくは反応を見るために最初にそんなことを聞いた。

「いいじゃない。歩くんだよ。ガイコツが街を歩いてなにかおかしい？」

予想どおりの答えがかえってきてぼくは嬉しかった。

さて、本書は大人の五味さんが、大人の視点でもって書いたエッセイ集である。でも装丁からして完全に大人になりきっていない、いやもしかすると永久に大人になれない五味さんがここにはいっぱいつまっている。

どんなふうにつまっているかというと「思ったとおりのことを書いている」少年の作

文のようなつまりかただ。

でも、文章は当然ながら少年の作文よりはえらく高度に緻密《ちみつ》で、感情の抑揚表現が自然だから、いわゆるフツーの大人が書いているエッセイ集とはちょっと味が違うのがすぐにわかる。深く読んでいくと、書いている「心」はずっと少年のままなんだな、とぼくは思った。

あとがきに作者が書いているように「少年は見るのが仕事です。それしか仕事がありません」というコトがこの本には正直につらぬかれている。

たとえば冒頭の「氷」である。

少年（作者）が自転車で氷屋さんに三貫目の氷を買いにいく話である。小学生の子供がこういうのを題材にしてよく作文を書く。

このエッセイが小学生の作文と違うのは、「見ている」心は小学生だけれど、その表現がきちんとした作家の文章になっているから、見ているものの描写がものすごく的確で、氷屋さんの動作や氷を切るシャキシャキする音がちゃんと聞こえてくる。大きな鋸《のこぎり》で豪快に氷を切っていくときに撥《は》ねる氷の微細なカケラが飛んでくるのを感じるくらい感覚的に見事な描写で、なんだか志賀直哉《しがなおや》の短編小説を読んでいるような深い味わいのある一編だ。

絵本作家にこんなにうまい文章を書かれてしまうとぼくは焦《あせ》る。

「ハンカチ」もいい。汚れた少年のハンカチを見て美しい（たぶん）少女が少年を自分の家に連れていってくれ、その母親が「センタッキ」で洗ってくれる。ただそれだけの話なのだが、これは立派な短編小説だ。

もっと感動したのは「ひとさらい」だ。

あの頃の自転車はたしかに前輪についているライトの発電機の回転するアタマを車輪に接触させると自転車が急に重くなって、それが嫌だけれど暗い道もあぶないのでつけるしかなかった。トンネルのむこうから無灯火の黒い自転車がやってくる。ひとさらい、という都市伝説が信じられていた頃だ。この顚末《てんまつ》などは小説よりはちょっとした短編映画で見たいくらいだ。小さな音楽をつけた映像詩にしたらすばらしいのではないだろうか。

とうもろこし畑のＢ29の編隊も、短いけれど幻想的な優れた詩のような話だ。

天井にテレビのアンテナをつけた父親の話。野球の好きな迷惑な警官の話。

この本にはいたるところに感受性豊かな子供の心を持った「大人」の回想がピカピカ光っている。そういう人だからこそ、子供しかわからない「天才」の絵本をたくさん紡《つむ》ぎだせるのだろう。

二〇一二年一月

オツペルのシッポにつかまって——『永遠の詩⑥宮澤賢治』（小学館）

この原稿執筆を打診されたとき、ぼくはたいへん迷ったのです。こういうところに宮沢賢治に関する文章を書けることはとても名誉なことではあるけれど、果たして自分にそのような「ちから」があるだろうか。賢治の作品は好きで沢山《たくさん》読んできたし、その人間像や生き方をかぎりなく尊敬してはいるけれど、それはいままで只《ただ》の読者、傍観者で、読んで感動するのでも、わからなくて首を傾《かし》げるのもまるで自由だった。しかしここではそうはいかないでしょう。

この本には『春と修羅』からの出典がたくさんあります。筑摩書房の『宮澤賢治全集』を全巻買って『春と修羅』を読んだのは昭和四十四年ぐらいからでしたから最初に読んだのはもう四十年以上前のことになるのです。当時それを読んでの感想の記憶はありません。たぶん、ぼくはそれをただ漫然と読み流していただけで、実はまるで何も理解していなかったのだろうと思うのです。全集といっても文語詩や書簡集、別巻の研究、和歌、は未読、全巻の半分も読んでいないのです。そうして今回、実に四十数年ぶりに

『春と修羅』を噛みしめるように読んでみて、やはり思ったとおりくたくたになって、その深いところは結局何もわからずじまいなのでした。

今回、この稿を書くにあたって事前にゲラを貰いましたが、それぞれの作品の解説があり、それを読むことによって『春と修羅』から採られたいくつかの作品のその内側がようやく少しわかってきた、というのが正直なところです。

ですからはっきり申し上げてこういう本の巻末に解説のようなふりをして書く能力はぼくにはまるでありません。それを最初におことわりしておきます。

ぼくは思うのですが、宮沢賢治の詩（概説書を読むと賢治は「詩」という表現を嫌がっていたとあるのですが、それ以外の表現がわからないのでやはり「詩」と書きます）を鑑賞するのはふたつの道（もしくは方法）があるのではないか。そう思うのです。

ひとつはそこに書かれている言葉の意味や暗喩、あるいは多面的な言語表現など、精密かつ奥底の深い心理の細部などをひとつひとつ丁寧に理解し、思考を組み立てていく分析的な読み方です。

もうひとつは感覚で読んでいく方法です。外国語を習うときに、わからないなりにとにかくおおざっぱにヒヤリングを続けたりオウム返しに真似るだけの会話訓練をひたすら長く続けていると、しだいにいくらかわかってきたようになる。写真の現像のような、じわじわした溶明というような現象にも似ていますがとにかくそんなふうな読み方。

ひとつひとつの意味は明確にはわからないけれど、読んだあとになぜか悲しくなってくる。あるいは苦しいなかにも気持のどこかが明るく解放されてくる。そういう読後感というものがあります。

ぼくの宮沢賢治文学への触れ方はまさしく後者のものでした。もちろん、全体がわからなくても、そのちょっとした言葉遣いの表現、たとえば本書でいえば「小岩井農場」パート一の最初の二行、

わたくしはずいぶんすばやく汽車からおりた
そのために雲がぎらっとひかったくらいだ

などという表現にいきなりくらくらするのです。こういう場合での「ずいぶん」という表現はあまり他の人の表現には出てません。賢治はこの「ずいぶん」が好きなようで、「林と思想」のなかでも、

あすこのとこへ
わたしのかんがえが
ずいぶんはやく流れて行って

などと表現しています。しかも、かんがえが流れて行く、という表現にぼくはひそかにびっくりします。あるいは「しんとして」という言葉のつかいかた。あるいは「雨に濡れた森がうるうるともりあがってくるようにみえました」というような表現。「うるうる」という形容がこんなにみごとに風景のなかに存在できるのか、とぼくは驚きました。

それらの言葉遣いの、あるいは形容の、あるいは巧みな造語の奔流などにぼくはすぐれた作家の情念が言葉を繰り出す凄味《すごみ》というものを、無意識のうちに感じ、それらのすばらしい表現のシャワーを、賢治を読むときにいつも贅沢に感じていたものです。

『宮澤賢治語彙辞典』を購入したときは、その『広辞苑』くらいずしりと重い厚さの中に一人の作家がつむぎだした表現や言葉が賢治のこだわる濃密な宇宙のようになっているのだな、と感じ、こういう作家をいま生きるわたしたちはもっと真剣に研究して、日本文学の宝物としていかなくてはいけないのだ、などと一人でいきりたって興奮したりしていたものです。

四十年ぶりにあらためて読みなおした『春と修羅』で、妹トシの死に賢治がここまで慟哭《どうこく》していたことを、若い頃に読んだときぼくはまるで感情的に素通りしていて、詩人の心の中の本当の苦しみや悲しみを一片も理解することもなく（しようとも思わず）読んだ気になっていたのでした。ですから今回このような大切なページを担当するにあたって真剣に読み、宮沢賢治のとてつもない深く巨大な心の入り口をやっとすこし覗《のぞ》けたような気分になっているのです。つまり賢治文学にやっと入門という段階なのでしょうが、まことにそういう機会を得てありがたいこと、と思っています。

ぼくはいま小説やエッセイなど文章を書く仕事をしていますが（もう三十年にもなります）最初の頃から今日まで、宮沢賢治の童話の影響を受けているのはどうやらたしかのようで、たとえば短編小説などを書くときに、

「オツベルときたら大したもんだ」（『オツペルと象』）

「わたしらの先祖やなんか、鳥がはじめて、天から降ってきたときは、どいつもこいつも、みないち様に白でした」（『林の底』）

などという、いきなりの書き出しかたに憧れていて、ずいぶん下手な真似をしたものです。勿論どれもこれもみんなろくでもない粗悪品ぞろいの恥ずかしい塗り絵のような真似文章でしたが、わからないなりに外国語の真似をしているうちに少しずつ全体像が見えてくるように、賢治の世界にずっとしがみついているうちに、いまようやくこの歳

になって、宮沢賢治の「詩」の世界の一端に触れられたような気がします。

二〇一〇年三月

大人になっても絵本

このコラム、ぼくの担当は今回が最終回と聞いたので、最後にとっておきの三冊を紹介します。絵本です。

ぼくはある仕事があって長期にわたって沢山《たくさん》の絵本に触れてきました。世界中の絵本を対象にした『絵本たんけん隊』(角川文庫)という本も出しているので、どうかぼくの絵本の話を信用していただきたい。こんなふうにわざわざことわるのは絵本について大人たちは「どうせ子供の本」「子供の頃に見る本」などというふうにわりと軽く受け流す人が多いようだからです。

でもぼくは違うと思う。優れた絵本は小さな子供たちが何度も読んでくれとせがむし、自分で読めるようになってからも読む。大人になってからも読む人がいっぱいいる。知らないうちにその人の人生にからんでくるような絵本がいっぱいあるからです。すぐれた絵本は何十年も生きていきます。人生経験の違いなどによって、面白さや感動や味わいがまるでちがってくるからでしょう。

マリー・ホール・エッツ『もりのなか』（まさきるりこ訳、福音館書店）は、一九四四年の本。ぼくの生まれた年にアメリカで出版された本です。これは子育ての頃に何度も読んできかせたし、今もウイスキーなど飲みながら夜に一人で読んだりしています。その内容にはあえてふれません。長く世界中の人に読みつがれている絵本には思考や価値観にからまる人生のタカラモノがいっぱいつまっています。

マーシャ・ブラウン『三びきのやぎのがらがらどん』（せたていじ訳、福音館書店）も世界中で長く読みつがれている絵本。これはちょっとストーリーを書きますが、大、中、小のやぎが橋をわたろうとすると、その下にトロルという怪物がいてちょっかいをだしてくる。でも最後にはやられてしまう。それだけの話なんだけれど、世界中の子供を魅《ひ》きつけている。優れた絵本には独特の吸引力があるのでしょう。やはり子育ての頃、二人の子供を膝にのせて、せがまれてこれを読んでいた。何百回読んでも、怖いところにくると子供は全身をかたくして怖がります。それが面白くて何百回も読んだ。親子で不思議な共感をもてるのが絵本の世界です。その後だいぶたってアイスランドに行ったら大きな石を積み重ねた巨人像を見ました。聞けばこの絵本に出てくる一番こわい怪物「トロル」の像でした。トロルが北欧の悲しく怖い鬼みたいなものだ、ということをやっと実感しました。

カブリエル・バンサン『アンジュール』(ブックローン出版)は、文章のない絵本なので大人の絵本というのかもしれないけれど、子供が読んでも心吸い込まれる筈《はず》です。捨てられた犬がさまよって、最後に一人の少年と出会ったところで終わる。それだけの話なんだけれどやはり何年にもわたって読んでしまうのです。活字より強い本の世界がある! という話です。

『東京新聞』二〇一三年四月一七日

いまいましい、でも希望はある――『醜い日本の私』（中島義道著、新潮文庫）

哲学者が、そこらのありふれた風景、風俗、慣習について「物考える」。普通なら、ただ黙ってそれを読んで終わる、という程度のことだ。ところが中島さんの本は、読んでいるとたちまち苛々してくる。腹もたってくる。こうしてはいられない、という気持になってくる。立ち上がって何かしたくなる。でもどうしていいかわからないから、またこの著書の中に戻る。するとまたすぐに苛々してくる。立ち上がってしまう。

そういう、まことに困った本なのである。哲学者が書いている本でこんなに読む者に胃痛のようなイラダチとか暴力的闘争心をかきたたせる内容のものはないのではあるまいか。まあ、それが中島さんの本の魅力なのではあるけれど。

ウイーンと日本を往復している大学教授（二〇〇九年退官）でもあり、とてつもないインテリのわりには直情径行型の森の石松のようなところがあり、ある状況で応対する人にとってはただの厭味なクレーマーのようであり、ちょっとおかしなそこらの要注意人物の親父のようでもある。同じ著者の別の本には、日常的に問題を抱えた家庭環境、職場環境にあって、本人がすでに長い時間鬱々とした精神状況にあることが記されている。それらは氏をとりまく頑固な通俗と超俗の狭間にあって、本人は不本意だろうが、読む者にはそれに苦悩する著者の横顔が魅力のひとつにもなっている。

中島さんの神髄はひとたび直面した「テーマ」に突入すると、有無を言わせぬその徹底的な攻撃的感性であり、実行力である。その痛快ともいえる狂気（凶器？）的スゴミもここに加えておきたい。

でもそれがいいのだ。日本人に少ない深度のある大人の思考で行動を実践している勇気ある人なのだ。ただし近しくむかいあってお話しする勇気はぼくにはない。氏の考えていること、それにともなって行動していることについて共感し、賛同し、応援する気持は大きいが、哲学者である氏の基盤にある思考の深さに分け入っていく能力が自分にはない、とわかっているからだ。

ただひたすら、中島義道氏のような大人が日本にもっと増えていけばいい、と思っている。

中島氏が一九九六年に洋泉社から出版した『うるさい日本の私』のなかで、日本の公共施設などでのけたたましい拡声器騒音のことについて鋭く、しつこく、怒濤《どとう》の寄り身で語っているのを初めて読んだとき、ぼくはひそかに快哉を叫んだ。

その本には、まず世界に類のない、責任回避という目的だけで続けられている、無責任で精神暴力的な、世にも珍奇なる社会ルール、日本中を覆っている拡声器騒音について書いてある。そういうことについて正面から真剣に追求した本は、それがはじめてだっただろう。

拡声器騒音。

わかりやすい例でいえば、そこらにあるエスカレーターのまわりに一日中流れている「あぶないですから前をむいて、ステップ台の真ん中に立って、手すりにつかまって、お子様の手をひいて……」などとエンドレステープがずっと繰り返し喋っているようなやつだ。

夕方になると、暗くなるから子供は帰りなさい、とか、（大人に対して）火災になるから火は消すように、とかスピードを出すと危険であるからブレーキを踏みなさい、とか混雑しているので人込みに気をつけて歩きなさい、とか電車が止まったら開くドアに手を挟まれないように注意しなさいなどと、繰り返し流されるテープによる拡声器の「命令だらけ」の街の風物？　である。大音量のわりには誰も聞いていないやつである。

公共施設などにいくとこの手の「ああしろ、こうしろ」のおせっかいアナウンスがいたるところにあり、それらが干渉しあって何がなんだかさっぱりわからないような場所が沢山ある。けれど、この公共の空間を侵す異様なそれらに対して日本の大人たちはびっくりするほど寛容だ。いや、違うのだ。ただひたすら無関心、つまりは絶望的に鈍感なのだ。

「拡声器」という漢字の組み立てからしてすでに醜悪なイメージをもつ機械で、本来静かであるべき公共の空間に一方的に巨大な音(声)をだす暴力的無神経さに疑問をもつ人が、文人や芸術家と言われる人にあまりいない、というのもどういうことなのだろうか。

ぼくが知っているかぎりでは、作家の城山三郎氏を中心に「拡声器騒音を考える会」というような組織があって、市民活動をしていた。そのグループが出しているパンフレットなどを見て頼もしく思ったものだけれど、今は「静かな街を考える会」と名を変えて継続しているようだ。

中島氏の著した『うるさい日本の私』は、この種の本では沢山売れた、と聞いたけれど、それを読んでくれるのは中島氏の国際的な、哲学的な、そして本来、大人なら持っている筈のありふれて「常識的な」感覚に共鳴する人が中心で、拡声器という文字にも、それによる攻撃的かつ無神経な騒音にもまるで頓着しない、気にもかけない一般的な多くの人は、当然のようにこの本に関心を持たなかったようだ。

テレビや新聞などのジャーナリズムに係わる人が、もっと敏感に「このこと」をとりあげて中島氏の勇気ある問い掛けの意味を、かれらの電波や紙面で大きく扱ってくれたら、もう少し多くの人がそのことの問題に気がついてくれるかも知れない、と期待したが、ジャーナリストという人々の感性がすでに海底を這う軟体生物のように神経が鈍磨していたようであった。

本書『醜い……』は前著『うるさい……』の指摘するいくつかの「問題の根」をもっとわかりやすく語ってくれた上下本の対をなすような本で（順序を逆にしてもいい）最終的にはもっとも現実的であり、もっとも深度のある「日本および日本人論」になっているように思った。

本書の第一章では、ごく普通に東京の町のありふれた商店街を例にして、その醜さを淡々と書いている。「音」のときもそうだったが、この章を読んで、何がなんだかさっぱりわからない人も多いのだろうと思う。そしてそういうマジョリティにこの本の「本意」を理解してもらうのは大変な事だと思う。

もう多くの日本人が忘れてしまっただろうが、この『醜い日本の私』が出版された頃、「美しい日本……」としきりに唱えた当時の日本の宰相がいた。結果的に甚だ無責任な人であったけれど、あの人はいったい何をもってこの国を「美しい……」と形容したのか、ぼくはいまだにわからない。この宰相が短命で消えたのと同時に「美しい日本……」という文字や言葉は新聞の活字にもテレビの報道でもピタリと語られなくなったけれど、そのときに我々が住む国のマジョリティは「醜い」も「美しい」もつまりはまったく「どっちでもいい」精神意識の下にいるのだな、と感じた。(※この宰相は後に復活して安保法案という日本人の静かな精神を無神経に抉る暴挙に出た)

だから、この本の「本意」についてははっきりいってわかる人とわからない人の区分はデジタル構造のように「わかる」「わからない」のふたつに明確に二分されるような気がする。

「わからない人」にはいくら説明しても絶対わからないだろう。それは「音」の本と同じである。

この本で、コンビニにおけるアルバイト店員のバカ丁寧な応対言葉をとりあげている。どんな客がきてもあのカウンターにいる娘らは両手を前に組んで「いらっしゃいませ、こんばんわあ」などという。その機械人形のような、丁寧ではあるけれど日常では彼女たちはおそらく絶対使っていない現実ばなれしたその言葉が誰にでも同じ調子で発せられる風景に、中島さんは煩悶《はんもん》する。

『醜い日本』を主題とする本がとりあげているわけだから、この若いアルバイト娘たちの丁寧言葉は「醜い」サンプルのひとつとなる。ぼくが感心したのは、中島さんのこういうところのわかりやすいサンプル選びだった。

たしかにアメリカのデリカテッセンなどに入ると、店主は絶対に笑顔など見せない。色黒で大柄なぼくなどはむしろ敵意にみちた警戒の目でみられるのが普通だ。アジア人のわけのわからない男が店にくるのは迷惑だ、という露骨な顔をして警戒して見ている。カウンターの下には恐らく銃がある。そこには限りない人間のリアルな感情そのものが働いていて「嘘《うそ》」がない。

もうすこし緊張感のないヨーロッパのスーパーなどでも店員はいたってぶっきらぼうで、感謝の言葉なんかない。労働に疲れているからだ。でもそのほうがいかにも同じ「人間」で、こちらへの対応は冷淡ではあるけれど不快ではない。

日本のコンビニのわけへだてない果てしない丁寧言葉の「気持ち悪さ」は「人格」と「感情」のない人間との没コミュニケーションに触れることの気持の悪さだ。同じことは旅客機の客室乗務員の、世界にも例のない、終始絶え間のない満面の（意味のわからない）笑みと、絶対に客にさからわない隷属《れいぞく》的な対応にも通ずる。共通しているのは「嘘」への不快感だ。

こうしたわかりやすい事例を積み重ねていくことによって本書は、日本人の本質論にずんずんと小気味よく、そして無理なくなだれ込んでいく。

第五章「醜と不快の哲学」は『うるさい……』と本書の連続二冊のなかで中島さんが語ってきた膨大な問い掛けを、読者が自分なりに理解するためのテキストのようになっているのだな、とぼくは思った。

結局今後もこの本で述べられている「マイノリティにとって腹だたしいもの」はそれを「正しいと思っているマジョリティ」に絶対打ち勝つことはできないのだ、ということを納得させられて、いまいましくページを閉じなければならない。

でも、希望はある。こういう本が「文庫」となって、元の単行本よりはもっと沢山の人の目に触れる可能性がある、ということだ。

この本を読んで我々は中島さんのように勇気と思考の伴った行動はとれないかもしれないが、中島さんのような思考に頷《うなず》き、この国をもうすこし冷静に見つめるための思考の訓練ができるかもしれない。

そうしてそう思った我々（たぶん絶対的なマイノリティ）は、中島さんの戦闘意欲の下、ますます苛々し、腹をたて、自分もこうしてはいられない、と思って立ち上がり、しかしまた座ってしまうのだろうが、でもそのたびにさらにまた少しずつ考えを深め、もしかしたらいつの日か、中島さんのように勇気をもってその疑問を口にし、行動にうつし、じわじわと歩きだせるかもしれないのだ。

（追記）「静かな街を考える会」が存続していることを知り、ぼくも入会を考えている。

二〇〇九年一二月

シーナ文庫の101冊

旅に持って行き旅のふところで読む本

本を読む状態でもっとも贅沢《ぜいたく》なのは、旅に出てその日々に読む時だ。厳密にいうと、旅に出かける前の晩の眠りに入る状況から早くもそういうすばらしい黄金本読書時間の始まりとなる。中でも最も贅沢なのは〝現場読み〟というやつで、行く旅先のことが記述されている本をその現場で読むことぐらい幸せな読書環境はない。おそらく読まれる本も相当に喜んでいるはずだ。

わが旅の歴史の中でもっとも重厚かつ贅沢な読書の喜びを与えてくれた最高の本は『ビーグル号航海記　上中下』（島地威雄訳、岩波文庫）である。進化論のチャールズ・ダーウィンがビーグル号で世界中を航海した有名な著だが、ぼくはこのうちの「中」巻にあたるマゼラン海峡周辺の現場読みをした。

ぼくが乗った船はチリ海軍の軍艦だったが、まさしくダーウィンのその旅によって名づけられたビーグル水道を旅するのである。そこに書いてある土地や山脈や海が手にしている本のすぐむこうを通りすぎていく。およそ森羅万象の全てをこの本は丁寧に根気よく綴《つづ》ってあるから長くなかなか厳しいその旅のあいだ中ぼくはさまざまなことを考え精神的にシアワセだった。

読書人生の最大の願いとしてはこの『ビーグル号航海記』の中巻の一部分だけではなく、上中下巻の全てをこの本とともに旅したいというでっかい夢がある。帆船による大航海が行われていた時代にむけてかなわぬ熱い夢が走る。そういういろいろな想いを込めてこの本がぼくの中での旅に携える本のスーパービッグ1である。

東洋文庫の『楼蘭』(アルバート・ヘルマン著、松田寿男訳、東洋文庫)も一九八八年の日中共同楼蘭探検隊に同行した折に井上靖の小説『楼蘭』とともに読んで行った本だ。ヘルマンの探検家としての現地を見る目と、井上靖が古文書からすぐれた作家の空想力で描いた楼蘭の光景が、ぼくの頭の中で見事に重なっていく感激は忘れられないタカラモノの記憶だ。

『北槎聞略《ほくさぶんりやく》』(桂川甫周著、亀井高孝校訂、岩波文庫)も、伊勢白子の船頭たちが零下五十度という厳寒のシベリアを十年間もさまよい歩いたほとんどのルートを、実際にその踏み跡をたどるようにしたドキュメンタリーの旅の過程で読んでいたから、これは厳しい同時読みではあったけれど、その時代の空気をじかに感じる文語体がこのときほど強く心に響いた体験はほかにない。そして『露国及び露人研究』（大庭柯公著、中公文庫）はこのシベリアの旅の研究概説書として大いに役に立った。

『ラ・プラタの博物学者』（ウィリアム・ヘンリー・ハドスン著、長澤純夫、大曾根静香訳、講談社学術文庫）も完全に自分の旅とシンクロした本だった。飛行機の中で再読して行ったのだが、旅の途中の荒れたブッシュでキャンプをしているとき、腹を三か所砂ダニに襲われた。お腹の表面に今までないようなほくろができていたので触ってみると異物感があり、それはほくろではなくテントウムシ大にふくらんで体にはまり込んだダニなのであった。すぐにナイフでほじくり出しながらコレどこかでつい最近見たぞ、とふいに気がつき、この『ラ・プラタの博物学者』をヘッドランプでぱらぱらやると、まさしく実物大のスケッチが描かれていて、それが記憶に残っていたのだった。現場読みもこうなるとややつらい。

わが人生の読書や行動に大きく影響を与えた本のひとつ『十五少年漂流記』（ヴェルヌ著、波多野完治訳、新潮文庫）も、ほんの数年前、現場読みをすることができた。現場読みといっても、これは小説だからヴェルヌが少年たちの漂流した島のモデルとしたところを訪ねただけだが、マゼラン海峡からニュージーランドまで、はからずも太平洋を一周する旅になってしまった。小説の舞台を自分の足で踏みしめるという喜びもなかなかのものだった。

同じように『さまよえる湖　上下』（ヘディン著、福田宏年訳、新潮文庫）も子どもの頃読んで最も影響を受けた本だが、一生行けないのではないかと思っていたこのタクラマカン砂漠の真ん中にある、消えた湖ロプ・ノールへ探検隊の一員として行き、この本を砂まみれのポケットに入れて持ち歩いた記憶は、我が旅の誇りのひとつでもある。

メコン川の上流から河口まで下ったときは『インドシナ王国遍歴記』（アンリ・ムオ著、大岩誠訳、中公文庫）が大変役に立った。これこそ現場に行かないと読む深度がかなり変わってくるのだろうなということを実感した。複雑で深いそのエリアの歴史や文化の変遷を知識として知るだけでなく、肌で感じる遠い現実感というものがとてもリアルに伝わってくるからだ。おそらく現場に行かないとこういう本は気持ちを入れて読むことはできないだろうと思う。

読みたくてもずっと読まずにいたのが『チベット旅行記　一〜五』（河口慧海著、講談社学術文庫）で、これはいつかチベットに行ったら読もうと大切に全巻書棚に置いておいた。極端にいうと、この本を読みたいがためにチベットへの旅をしたといっても過言ではないのだ。

こういう実際の旅とシンクロする本をいかにたくさん読み込むか、というのが人生の夢なのだが、このジャンルにいくつか入れてある漂流記ものは残念ながら追体験することはできないし、あまりしたくはない。さらに、『エンデュアランス号漂流』（アルフレッド・ランシング著、山本光伸訳、新潮文庫）や『凍える海』（ヴァレリアン・アルバーノフ著、海津正彦訳、ヴィレッジブックス）、『敵中漂流』（デイモン・ゴーズ著、佐々田雅子訳、新潮文庫）、『大西洋漂流76日間』（スティーヴン・キャラハン著、長辻象平訳、ハヤカワ文庫）といった、かれらが生きて帰ったからこそ初めて我々が目にする本などもたくさんあって、このジャンルの本は一行たりとも読み落としがないように力を込めて、それぞれ対決するようにして読んでいく必要がある。

〈その他リスト〉
『シリア縦断紀行　全二巻』（ガートルード・ベル著、田隅恒生訳、東洋文庫）
『回疆探検　ペルシャの旅』（吉田正春著、中公文庫）
『韃靼漂流記』（園田一亀著、東洋文庫）
『南嶋探験　琉球漫遊記　全二巻』（笹森儀助著、東喜望校注　東洋文庫）
『サハラ縦走』（野町和嘉著、岩波同時代ライブラリー）
『ニッポン縦断歩き旅』（クレイグ・マクラクラン著、橋本恵訳、小学館文庫）
『インドの大道商人』（山田和著、講談社文庫）
『トゥバ紀行』（メンヒェン＝ヘルフェン著、田中克彦訳、岩波文庫）
『海のラクダ　木造帆船ダウ同乗記』（門田修著、中公文庫）

『東南アジア紀行　上下』（梅棹忠夫著、中公文庫）
『西域・シベリア　タイガと草原の世界』（加藤九祚著、中公文庫）
『海底からの生還　史上最大の潜水艦救出作戦』（ピーター・マース著、江畑謙介訳、光文社文庫）
『日本奥地紀行』（イサベラ・バード著、高梨健吉訳、東洋文庫）
『北極圏一万二千キロ』（植村直己著、文春文庫）
『世界最悪の旅　スコット南極探検隊』（チェリー・ガラード著、加納一郎訳、中公文庫）
『無人島に生きる十六人』（須川邦彦著、新潮文庫）
『エンデュアランス号奇跡の生還』（アーネスト・シャクルトン著、奥田祐士訳、ヴィレッジブックス）
『ツアンポー峡谷の謎』（フランク・キングドン－ウォード著、金子民雄訳、岩波文庫）
『砂漠の戦争』（アラン・ムーアヘッド著、平井イサク訳、ハヤカワ文庫）

絶対的圧倒的に面白い小説の金鉱脈

今回文庫本目録や自分の本棚をあさって、あらためて確認したのは、フィクション部門では圧倒的にSFが多いことだった。これはまあ自分自身もへんてこなSFを書いているわけだから、仕事上読むべきジャンルともいえるけれど、もっと素直に考えると好きなこのジャンルを読み込んできたから、ぼくもSFのようなものが書けるようになった、といえるのかもしれない。

およそSFほど思考力を刺激する世界はない。単にストーリーを追うだけでなく、その状況設定や理屈などをじっくり考えていくと、一ページをめくるのに相当な時間がかかっていることに気がつく。それこそのめりこんでいるということの証拠なのだろう。

SFは一九六〇年代に一番集中して読んでいた。こうしてリストにしてみるとぼくの好きなジャンルは宇宙空間を舞台にしたハードSFがひとつの大きな中心ゾーンであり、もうひとつはSFという変幻自在のレトリックを四方八方途方もない空間に駆使できる発想やストーリー作りに魅了されていく世界のお話だ。

ロバート・シェクリイやフレドリック・ブラウンのおびただしい短編群には、人間の発想のはてしない可能性というものにおののいたものだし、名作『冷たい方程式』（トム・ゴドウィンほか著、伊藤典天、浅倉久志編、ハヤカワ文庫）のまさに小説だからこそ描き得ただろう魂を揺さぶられるような物語の展開、果たして文庫に入っているかどうかわからないがエドモンド・ハミルトンの傑作短編「フェッセンデンの宇宙」から受けた凄まじい衝撃など、このジャンルの小説の一群はどこからどんなふうに攻め込まれてくるかわからない驚愕と恐怖と喜びに満ちていて、読書する——ということの最大のシアワセを常に感じていたものだ。

『地球の長い午後』（ブライアン・W・オールディス著、伊藤典夫訳、ハヤカワ文庫）や『夜の翼』（ロバート・シルヴァーバーグ著、佐藤高子訳、ハヤカワ文庫）、『砂漠の惑星』（スタニスワフ・レム著、飯田規和訳、ハヤカワ文庫）、『リプレイ』（ケン・グリムウッド著、杉山高之訳、新潮文庫）、『神の目の小さな塵　上下』（ラリー・ニーヴン、ジェリー・パーネル著、池央耿訳、創元SF文庫）などは何度読んでも新鮮な発見がある。そしてこれらの作品からは完全にモノカキとして強い影響を受けていたと思う。

なぜかあまり大きく語られることのない『透明人間の告白　上下』（H・F・セント著、高見浩訳、新潮文庫）は、かつて文芸評論家の北上次郎と、数十年に一度出るか出ないかの傑作だろう、と二人してあちこちで叫んだことがある。それだからというわけでもないのだろうが、絶版だったこれが文庫本に入ったのはうれしい。今後SFを読もうとする読者へのビッグプレゼントになるはずだ。

SFの可能性はこれからさらに広がっていくような気がする。今回挙げたリストはおおおむね古典に入るものが多いが、比較的新しい『ブレイン・ドラッグ』（アラン・グリン著、田村義進訳、文春文庫）などはそうと断らなければSFとは思わずにこの巧みな設定に取り込まれてしまう新しい発想のSFだと思う。まあ簡単に言うと、この小説は脳のバイアグラのような薬によって人間の脳が飛躍的に超活性化し、ずんずん頭がよくなってくる——という話である。頭がよくなると、たとえばテーブルのまわりに散らばった音楽のCD三百枚を何分間でどのように分類していくか、などということの答えがここには書いてある。もちろん小説の中でのことだが読むとつくづく頷ける。ご存知のようにこの急速な頭脳進化の古典は『アルジャーノンに花束を』（ダニエル・キイス著、小尾芙佐訳、ハヤカワ文庫）である。

そしてここ十数年の最高傑作はなんといってもダン・シモンズの『ハイペリオン　上下』、『ハイペリオンの没落　上下』、『エンディミオン　上下』、『エンディミオンの覚醒　上下』（いずれもダン・シモンズ著、酒井昭伸訳、ハヤカワ文庫）計八冊で、まだ読んでいない人はこの八冊未読というだけでこれほどシアワセなことはない、と断言しておこう。そのあとに出た『オルタード・カーボン』、『ウォークン・フュアリーズ』（いずれもリチャード・モーガン著、田口俊樹訳、アスペクト）はどちらも上下刊。絶対に夢中になるハードボイルドSFだ。

〈その他リスト〉

『人間の手がまだ触れない』(ロバート・シェクリイ著、稲葉明雄他訳、ハヤカワ文庫)
『発狂した宇宙』(フレドリック・ブラウン著、稲葉明雄訳、ハヤカワ文庫)
『祈りの海』(グレッグ・イーガン著、山岸真編・訳、ハヤカワ文庫)
『タフの方舟1　禍つ星』(ジョージ・R・R・マーティン著、酒井昭伸訳、ハヤカワ文庫)
『渇きの海』(アーサー・C・クラーク著、深町眞理子訳、ハヤカワ文庫)
『タイタンの妖女』(カート・ヴォネガット・ジュニア著、浅倉久志訳、ハヤカワ文庫)
『宇宙船ビーグル号の冒険』(A・E・ヴァン・ヴォークト著、沼沢洽治訳、創元社SF文庫)
『イシャーの武器店』(A・E・ヴァン・ヴォークト著、沼沢洽治訳、創元SF文庫)
『20億の針』(ハル・クレメント著、井上勇訳、創元SF文庫)
『渚にて　人類最後の日』(ネビル・シュート著、井上勇訳、創元SF文庫)
『あなたをつくります』(フィリップ・K・ディック著、佐藤龍雄訳、創元SF文庫)
『沈んだ世界』(J・G・バラード著、峰岸久訳、創元SF文庫)

『10月はたそがれの国』（レイ・ブラッドベリ著、宇野利泰訳、創元SF文庫）
『星を継ぐもの』（ジェイムズ・P・ホーガン著、池央耿訳、創元SF文庫）
『さらば、愛しき鉤爪』（エリック・ガルシア著、酒井昭伸訳、ヴィレッジブックス）
『火星の人』（アンディ・ウィアー著、小野田和子訳、ハヤカワ文庫）

眠れないときに読んでさらに眠れなくなる本

座右の書は何かといわれるといろいろあるが、小説のようにストーリーがあるとストーリーを追うのにタイヘンでそれに触発されて何かモノを考えながら読んでいく、という余裕がまるでなくなったりする。その意味でここにひっくるめた一群はモノを考えるうえで、いつ、どこから読んでも我々をさまざまな角度からさまざまな思考、考察の世界へ誘《いざな》ってくれる幅の広い頭脳直撃の本だろう。

代表作はいくつもあげられるけれど、ぼくはしばらく『われらをめぐる海』（レイチェル・カースン著、日下実男訳、ハヤカワ文庫）を外国へのどの旅にも持って行った。これは単に海が好きだというだけではなく、海を考えることによって地球から宇宙にまで思考を広げることができ、何も読む本がなくなったときにも安心して何度も繰り返して読むことができるからだ。

同じくらい重宝しているのが『未来のプロフィル』(アーサー・C・クラーク著、福島正実、川村哲郎訳、ハヤカワ文庫)で、こちらは時空間と科学というゾーンで思考を果てしなく刺激してくれる。同じ意味で時空間を過去にたどる脳細胞刺激本は『ワンダフル・ライフ』(スティーヴン・ジェイ・グールド著、渡辺政隆訳、ハヤカワ文庫)だ。この三冊を持っていれば全く読む本がなくなっても煩悶《はんもん》することはない。

リストにずらりと並んだアイザック・アシモフの科学エッセイは、その章のひとつひとつを真剣に読んでいこうとすると頭がクラクラしてしまいそうな危険がある。だからゆっくり読んでいく必要がある。ゆっくり読んでいくと予想もしない新たな思考の刺激が攻めてきて、やっぱりまた頭がクラクラになる。どっちにしても危険な本なのである。

小説と違ってこれらの一群を読むと、確実に読む前よりも頭がよくなったような気がするが、悲しいことにそれを確認するすべがない。これらの一群の中の代表作は何といっても『機械の中の幽霊』(アーサー・ケストラー著、日高敏隆・長野敬訳、ちくま学芸文庫)だろう。

〈その他リスト〉

『ニワトリの歯　進化論の新地平　上下』(スティーヴン・ジェイ・グールド著、渡辺政隆、三中信宏訳、ハヤカワ文庫)

『ダーウィン以来　進化論への招待』（スティーヴン・ジェイ・グールド著、浦本昌紀、寺田鴻訳、ハヤカワ文庫）
『ミミズと土』（チャールズ・ダーウィン著、渡辺弘之訳、平凡社ライブラリー）
『ソロモンの指環』（コンラート・ローレンツ著、日高敏隆訳、ハヤカワ文庫）
『虫の惑星1　詐欺師のホタルと蝶のマリリン・モンロー』『虫の惑星2　社交的なバッタと同性愛の南京虫』（ハワード・E・エヴァンズ著、日高敏隆訳、ハヤカワ文庫）
『幻の動物たち　未知動物学への招待　上下』（ジャン＝ジャック・バルロワ著、ベカエール直美訳、ハヤカワ文庫）
『地上から消えた動物』（ロバート・シルヴァーバーグ著、佐藤高子訳、ハヤカワ文庫）
『生物から見た世界』（ユクスキュル、クリサート共著、日高敏隆、羽田節子訳、岩波文庫）
『空想自然科学入門　アシモフの科学エッセイ1』（アイザック・アシモフ著、小尾信彌、山高昭訳、ハヤカワ文庫）
『地球から宇宙へ　アシモフの科学エッセイ2』『時間と宇宙について　アシモフの科学エッセイ3』『生命と非生命のあいだ　アシモフの科学エッセイ4』『わ

が惑星、そは汝のもの　アシモフの科学エッセイ5』（アイザック・アシモフ著、山高昭訳、ハヤカワ文庫）

『発見・また発見！　アシモフの科学エッセイ6』（アイザック・アシモフ著、福島正実訳、ハヤカワ文庫）

『たった一兆　アシモフの科学エッセイ7』（アイザック・アシモフ著、山高昭訳、ハヤカワ文庫）

『次元がいっぱい　アシモフの科学エッセイ8』（アイザック・アシモフ著、酒井昭伸訳、ハヤカワ文庫）

『未知のX　アシモフの科学エッセイ9』『存在しなかった惑星　アシモフの科学エッセイ10』『素粒子のモンスター　アシモフの科学エッセイ11』『真空の海に帆をあげて　アシモフの科学エッセイ12』『見果てぬ時空　アシモフの科学エッセイ13』『人間への長い道のり　アシモフの科学エッセイ14』（アイザック・アシモフ著、山高昭訳、ハヤカワ文庫）

ノンセクション

ここはノンセクションとしたい。

長い人生の間に読んで深く心に残ったり、ちょっといやなことがあってぱらぱらやったときに気持ちの底が明るくなったり、それまでの人生で一度も考えたことがなかったような鋭い閃光のような知的刺激を受けたりする本たちである。

この中でぼくがたぶんささやかな自我に目覚めた本は『君たちはどう生きるか』（吉野源三郎著、岩波文庫）だろうと思う。もう細かいディテールは忘れてしまったけれど、コペル君が確かおじさんと一緒に屋上からの風景を眺めている場面がある。そこで語っている内容ももう忘れたが、その風景がいまだに記憶の中にある。おそらく小学生の頃に読んでいたのだろうと思うけれど、本を読むことの意味やちからを深層心理の中でじわりと最初に感じていたような気がする。

それ以外は、小説からマンガまでここには入っている。どれにも共通していえることは、読んでいる間じゅうきわめてシアワセだったということである。おそらくこのノンセクションジャンルに入るべき文庫はこれの百倍ぐらいは確実にあるような気がする。それらをうまく整理してここで解説できないのは残念だけれど、これらの一群を見ると本の力の無限の可能性というものをあらためて強く激しく感じるのである。

〈その他リスト〉

『犬ですが、ちょっと一言』（ミュリエル・ドビン著、乾信一郎訳、ハヤカワ文庫）

『麵の文化史』（石毛直道著、講談社学術文庫）

『怪談・奇談』（小泉八雲著、平川祐弘編、講談社学術文庫）
『春の数えかた』（日高敏隆著、新潮文庫）
『日本語八ツ当り』（江國滋著、新潮文庫）
『ノーテンキ旅　小沢昭一的こころ』（小沢昭一、宮腰太郎著、新潮文庫）
『海軍めしたき物語』（高橋孟著、新潮文庫）
『どくとるマンボウ航海記』（北杜夫著、中公文庫）
『［新編］風雲ジャズ帖』（山下洋輔著、相倉久人編、平凡社ライブラリー）
『奇食珍食』（小泉武夫著、中公文庫）
『陰翳礼讃』（谷崎潤一郎著、中公文庫）
『喪失の国、日本　インド・エリートビジネスマンの「日本体験記」』（M・K・シャルマ著、山田和訳、文春文庫）
『真ッ赤な東京』（常盤雅幸著、集英社文庫）

『ｙｏｍ／ｙｏｍ』二〇〇八年七月号

6章　うまいもん食ったか

拡大し吸収する鉄の胃袋先生
――『食あれば楽あり』(小泉武夫著、日経ビジネス人文庫)

酒とその肴。といっても小泉先生の本で語られているそれはそんなに単純なものではない。とりわけうまいもの、珍味、奇味、奇食、珍食、驚嘆、絶句といった形容詞が連続する〝面白凄い〟ものがいっぱい出てくる。

食に関する本はそれこそ本当の話、古今東西ゴマンとあるが(いや、実数としてもっとあるのかもしれない)、小泉先生のこのジャンルの本は、まずどれをとっても絶対におもしろい。びっくりさせられるし、唖然とするし、読みはじめたらとにかく否応なしにのめり込む。

どうして先生の本はどれもこれもこんなにおもしろいのだろうかとじっくり考えた。結論としてわかったことは、小泉先生そのものがおもしろいのである。正確に言えば、小泉先生の、〝食〟への果てしない好奇心。それを考えること、分析すること。そして繊細に微妙にちりばめられている上質のユーモア。これらの総合力がおもしろさのフルコースを構成しているのだ。

先生とは何度もお目にかかり、いろんなものを飲みつつ食いつつ、たくさんの話をし、あるときには外国に一緒に旅までしたが、その折々につくづくわかったことは、食というものはそれそのものを心から愛し、興味を全身に抱き、自らの口と胃袋（腸も）と知識と知能を総動員し、真剣に取り組まないとそのものの実態をうまく咀嚼して分析できない対象なのだな、ということだった。

小泉先生にさらに強力な、いわば下ごしらえのきいた出汁として備わっているのは、農学博士というきちんとした学問の基盤をもっていることである。それにしても、小泉先生のような類まれなる好奇心と、その背景にある学問の組み合わさった人物と旅をすることの贅沢な醍醐味といったらない。

あれは上海の裏町を一緒に歩いているときのことだった。至るところに古い店が並び、店先にはなんだかわけのわからない食べ物や飲み物が並び、露店ではヘビだのカエルだのの生きたやつがちょん切られ開腹され、その間をわあわあといろんな人々が歩き回っている。先生はそれらの全てのものに興味を持ち、好奇心に目玉をピンポン玉ぐらいに大きく見開き、あちこちの古店や露店で売っているそれらの匂いをかぎ、舐め、かじり、そしてきっぱりと解説をしてくれる。

その博識ぶりの一端は、本書を一読するだけですでに読者もおわかりと思うが、とにかくびっくりするほど何でも知っているのである。だからその路地裏を歩くだけで、必然的にいろいろなことの生きた学習ができる。聞けばすぐ答えてくれるから、こちらの好奇心も間違いなく満たしてくれる。よく、字引のような人という形容があるが、まさしく小泉先生のような人のことをいうのだろうと思った。

その上海の旅をしながら思った。こんなふうにして小泉先生と世界のいろんな裏通りを一緒にずんずん歩くことができたら、どんなにかその旅はスリリング、かつ迫力と満腹感に満ちたものになるであろうか。

先生の著書に『味覚人飛行物体』という題名のものがあるが、一緒に歩いているとまさにその通りであるのを確認できる。「飛行物体」であるからどこへでも軽やかに飛んで行ってしまうし、神出鬼没、攻撃自在、そうして、読者に世界のさまざまなおもしろ話を提供してくれるのである。

本書は『食に知恵あり』の続編的な位置にあるが、前作と本書をあわせて読むと、我々が毎日何気なく口にしている食べ物や飲み物をもっと考えながら咀嚼しなければいけないのだな、ということに気付かされるのである。たとえば甘さや辛さという単純な味覚の基本にも、極端に言えば、地球に人間が誕生して以来の智恵と勇気、苦悩と工夫、犠牲と勝利、歓喜と落胆などなど、知能を持った人間だからなしうるあらゆる要素が総動員されていることを知る。

前作と本書をあわせると、おびただしい数のコラムの集大成となるが、それらのひとつひとつの話に今のことが当てはまる。だからそのことにひとたび気がつくと、それらの話を読み進んでいくうちに、息が弾み胸が躍る。ついでにハラの虫も鳴く。知識欲を満たされ、食欲が増進されるのだ。

小泉先生の頭の中は、食に対する豊富な智恵ではち切れんばかりになっているが、もうひとつはち切れそうなものがある。それは先生がいつも持っている大きな鞄である。お目にかかると、まず最初に機関銃のようにして先生の話が始まる。同時に鞄の蓋が開き、中からおびただしい数のいろんなものが出てくる。たとえば、先日渋谷の「くじら屋」でお目にかかったときは、八丁味噌、キムチ味の干し納豆、豆腐のもろみ漬けなどといったものが、次から次へと出てきた。全てその日のぼくへのお土産なのであった。それを説明するときの先生の嬉しそうな顔といったらない。本当に楽しみながら食の世界を飛行している、味覚人物体なのだなあと思うのである。

その日もいろいろ話が弾み、数週間後にぼくがラオスやカンボジアあたりに行くのですよ、と言ったとき、先生はまたもや見事に嬉しそうな顔をして、そのドラえもんの鞄の中から別のものをひとかたまり引っぱり出した。それは写真の束であった。

「ちょうどよかった。これは私がこの前旅をしたカンボジアの写真なんですよ。見てごらんなさい。これはサルの干物ですよ」

と言って指さした一枚は、まさしくサルが毛皮付きのままおなかを開かれ内臓をとり出したあとの形で、まるでスルメのように軒先に何匹もぶら下がっている写真だった。サルの干物なんて生まれて初めて見た。

「その次の写真も感動的ですよ」

と言ってめくってくれたそこには、何か大きな皿の上に赤茶色の丸々としたものが、ごしゃりと百個ぐらい。黒くてもじゃじゃしたものが、やはりどしゃりと五十個ぐらい。

「何ですか、これは」

と聞いたら、赤茶色のものは何かの虫のサナギであり、黒いものは体長七、八センチぐらいの大蜘蛛であった。サナギと蜘蛛をから揚げかなにかにしたものらしい。

「もちろん食べたんでしょうね」

と聞くと、先生は、得たり、とばかり大きく頷いた。

「この蜘蛛もですか」

先生は満面に笑みを浮かべ、次の写真を見せてくれた。それはなんと、その七、八センチほどもある大蜘蛛を先生がくわえている写真であった。それを見たときぼくにはある種の感動がほとばしった。

ぼくが小泉先生の本を最初に読んだのは『奇食珍食』(中公文庫)である。世界中のあらゆる奇食珍食について縦横無尽に語っているその本を読んで先生の世界の魅力にとりつかれた。サルも蜘蛛もコーモリもモグラも、それらは食い物であるかぎり生きているものにとって決してゲテモノではないのだ、ということをぼくはその本を読んでとうに知っていた。ぼく自身も世界のいろいろな国を旅して、人間はこんなものまで食うのだ、こんなものまで食うことができるのだ、ということを知り、たとえば、自分の国の常識の範囲でしか食べ物として認めない「日本人の食」について、大いなる疑問を感じたものだ。

以来、少しだけぼくの人間や世界に対する視野が広がったような実感がある。小泉先生の本を読んでいると、最後には食うものと食われるものの双方に存在している〝命〟というものの尊さを感じている自分を知る。世界中の生き物はこの関係で組み合わさっている。そしてある時はこれらの関係が複雑に逆転したりしているのだ。本書もそのような感銘を与えてくれる〝面白見事〟な一冊なのである。

二〇〇三年七月

賢いカレーの中の肉の数

ぼくがモノカキになったのは三十四歳の頃だった。サラリーマンをしていて偶然そういう展開になってしまったのだが、モノカキになると知り合いの編集者におねがいして、それまではるか雲の上にいると思っていた「あこがれの人」に、ちょっとだけでも会うことができる、ということを知り、いきなり嬉しくなった。

そこで『オール讀物』の薬師さんという当時、東海林さんの担当編集者に頼んで、新宿のビアホールで東海林さんと一緒に生ビールをのめる機会を作ってもらった。

対談でもなく、挨拶でもなく、相談でもなく、友達というわけでもないから世間話というわけでもなく、あれは何というのだろうか、ヘンに緊張したあんちゃんがあこがれの「大家《たいか》」と同じ席で生ビールを飲む、という、そうだ！　つまりは一方的な大変ありがたき「儀式」みたいなものを強引にやらせてもらったのである。

それが若い可愛い娘だったら東海林さんもそんな「儀式」もいいかもしんない、などと思っただろうが、当時からぼくは色の黒いでかい男だった。テレビ芸人とか噺家さんとちがって何か話をして面白い「空間や時間」を作れる、という才覚もない、ただのそこらの酒呑みである。東海林さんはさぞつまらなかっただろうなあ、と今になると思うのだが、ちゃんとそういう時間を作ってくれたフトッパラに改めて感謝しています。そのとき店のおねーさんがびっしり品名の書かれている「おつまみ」のメニューを持ってきた。

まだ互いにビールの「おつまみ」に対しての好みや嫌いなものの情報が何もない時であったから、ぼくは「面倒なので長さで決めましょうか」と提案した。「すぐたべられる簡単メニュー」の左から「十二センチ」ぶん持ってきて下さい、と頼んだ。十二センチあると七品目ぐらいカバーできる。咄嗟に出た案だったが、そういう注文もいいね、と東海林さんは笑った。

東海林さんは基本的に「シャイ」なかたまり状態みたいな人で、照れもあるのか初対面の人になかなか本当の笑顔などを見せてくれない人である。かといって不機嫌というわけではないが、絶えず頭のなかで何か考えている、という印象があった。

それは職業的なるものからきている、というのでもなくて、そこらで出会った不思議なコト、ヘンテコな風景、アホな情景などについて、小学生の学校帰りの「突然観察」のようにして全身で「発見」し「思考」し「分析」しているような一連の反応であった。あとでわかったことだが「それらちいさなちょっとしたこと」がそのうちまく咀嚼され、あの抜群のおかしさに味つけされた東海林さんの文章やマンガにあらわされる。

あれだけ長い年月、少しもブレずにサラリーマン的大衆文化の視点から世のなかを正確にスピーディにとらえている作家はまず東海林さんをおいてほかにいない、といっていいだろう。その秘密があああした静かな「まなざし」にあるのだろう、とぼくは密かに思っている。

もうひとつ感心するのは、これだけの大家になると、文章やマンガのなかでたとえば「人生」とか「国家」とか「平和」などといった大きなテーマにたいして「偉そうなこと」をいいだしてもうおかしくない重みとキャリアがありながら、東海林さんは絶対にそういう方向に走らないことだ。

東海林さん自身はあまり語らないが、実はもの凄い博識家で、それは探究心や行動力を伴っている（あたらしい風俗や流行りものなどはすぐに現場に行って確かめてしまう）ものだから、それを語るとしたら決して空論ではない。そういうことを注意深く見ているのだが、でも東海林さんは、ぎっしり詰まったそうした深い思考のカタマリの切り屑さえ表に出さない。誰かが東海林論のなかで書いていたが、これまでの文章やマンガを時系列に見ていくと、それはそのまま粉飾のない昭和から今日までの「日本人の生活文化史」になっていて、もう一方の「柳田国男」的な日本人の知的財産になっている——という。

まったくそのとおりだとおもう。そろそろサラリーマン大衆文化の鋭い構造分析ぐらいは本にあらわしてもいいと思うのだが、東海林さんの手のうちなるサラリーマンの主役たちは、いまだにカレーライスの中の肉の数で喜怒哀楽している。いぜんとして女の子にモテず、フーテンの寅さんより断然、打率の低いところで「愛への希望」と「絶望」のあいだをいったりきたりしている。

そろそろ一度ぐらい、彼らになにか「パアッ！」とした全面モテモテの場を作ってやってても世間はけっして怒らないと思うのだが、東海林さんは、いまだ安易には妥協してくれないのだなあ。

『オール讀物』二〇一〇年九月

公平に世界の麺文化考察
――『ヌードルの文化史』（クリストフ・ナイハード著、シドラ房子訳、柏書房）

ぼくはかなり重度の「麺食い」だ。世界各国を旅してきたが、その国に麺料理があると必ず食べてきた。日本は麺の種類が非常に多い国だが、どんな麺が一番うまいか、北から南まで食べ歩き、『すすれ！　麺の甲子園』（新潮文庫）という、ややお笑いに近い、しかし麺への愛に満ちた本を書いた。それに関連してあらゆる麺にからむ本を読んできたのだが、この『ヌードルの文化史』には驚いた。

麺に関する本はおおむね、その著者の所属している国からの視点が中心になっており、地球レベルで麺の歴史からヌードル文化の伝播《でんぱ》ルートまで考察した本はなかった。イタリア系の人が書いた本はやはりパスタからの視点で世界の麺を見る。中国系の人が書いたものは中国こそ「麺文化中心大国」と叫んで、そこから世界の麺文化を見る。

ところがこの本は、麺は、料理としてのヒエラルキーは世界に共通して低いけれど、大衆食文化の流れの中心にある、と分析。世界中の食文化が互いに刺激し合って麺の歴史をつくり、料理技術を高め合ってきたという。そして麺文化の骨格をなしている主要な九つの「舞台」を紹介し、それらが大海の潮流のように世界をかけまわり、今日の興隆をみた、と結ぶ。

その視点は非常に公平で、深度のある考察と分析に貫かれている。麺を語る本は、大概自分の「ひいき」の麺の話になると熱を帯びてくる例がほとんどだが、こんなに冷静に世界の麺の文化史を解いた本は初めてだ。

著者がスイス生まれの国際ジャーナリストで、奥さんは中国人、一人娘は日本で生まれた、という家族環境が大きいのかもしれない。ぼくが『すすれ！　麺の甲子園』という本でドメスティックに騒いでいるあいだに、まさにはじめてのグローバルで公平な「麺のオリンピック本」が現れたといっていい。エスプリの効いた正確なイラストが博物誌としての風格をととのえ、しかもなお楽しい。さらにいえば「おいしさ」を添えている。

「日本経済新聞」二〇一一年九月四日

酒の味方のうまいもの

林のり子『パテ屋の店先から—かつおは皮がおいしい（新装増補版）』（アノニマ・スタジオ）。かつおは新鮮なうちだと頭を落としたあと首のところの皮を両手でしっかり摑《つか》み、ぐっと引っ張ると面白いようにそっくりきれいにむけてしまう。ぼくはかつおだけは素早く一本きれいにさばけるので、この快感を知っている。でもこの本を読むまでかつおの皮がそんなにうまいとは知らなかった。

すっかり引きむいた皮を強火であぶり、ニンニク、生姜《しょうが》、長ねぎ、木の芽などを山盛りにして食べるそうだ。かつおの皮サラダということになるだろうか。

鮭《さけ》も皮がうまい。皮だけ集めて鮭皮丼というのを一度作ってみたいと思っている。鮭の皮のことについてはこの本に書かれているわけではなく、ぼくがかつおの皮から連想したしだい。

ちょっと特殊な本になるけれど藤井建夫『塩辛・くさや・かつお節（増補）』（恒星社厚生閣）でくさやのうまさの秘密を知った。江戸時代、伊豆諸島では海水から上質の塩をつくっていたがお上の取り立てが厳しく、作った塩は殆《ほとん》ど上納させられていた。そのため島では塩が極度に不足していた。この海域ではムロアジ、アジ、サバ、イワシなどがとれていたが、これらを塩干しにするにも塩を欠いていた。そこで同じ海水を何度も使って塩味をつけていたが、何度も使うと独特の悪臭をはなつ。しかし焼いて食べるとこれがたいへんおいしい。それが「くさや」のはじまりだった。ぼくの酒の肴《さかな》の大好物だが、伊豆諸島以外で食べるのはたいていまずい。店の人が本場で食べていないのでアジの開きと同じぐらいしっかり焼いてしまうからだ。

「くさや」は半なまぐらいに焼いたのをボッキリ折ってふわーと湯気がでるぐらい。ソフトクリームをかじるようにして食うとたまらない。「くさや」が臭くて嫌だ、という人は一生たべなくていい。本当においしいものは秘密にしておきたい。東の「くさや」に対抗できるのは西の「ふなずし」ぐらいか。

滋賀の食事文化研究会編『ふなずしの謎』（サンライズ印刷出版部）。ふなずしはすしというより琵琶湖でとれるニゴロブナの漬物と考えたほうがいい。新鮮なフナを数カ月塩漬けにしたあと飯と一緒に半年以上桶《おけ》にいれて自然発酵させる。出来上がるとフナの泥臭《どろくさ》さは飯のなかで発酵して甘酸っぱくなり、香ばしく複雑な匂いとともにクラクラするような「うまさ」が加わる。やみつきになる味でまさに西の酒の味方の大横綱だ。

「東京新聞」二〇一二年一二月二日

あとがき

一九七六年に目黒孝二と『本の雑誌』を創刊した一番大きな理由は二人とも単純に本が好きだったからだ。まあ一般的に本好きの人は、それなら自分で好きなように本を読んでいる、ということでおとなしく「読書人生」を楽しんでいくわけだが、我々は、互いにその当時、雑誌編集の仕事をしていた、という理由もあるのだろうが、自分たちが面白い、と思った本を「面白いぜ」とじゃんじゃん言える場がほしいな、ということを考えていた。（追『本の雑誌』は二〇一五年に第六十三回菊池寛賞を受賞した）

その当時、日本の出版界は活況で、本はもちろん、雑誌創刊ブームもおきていた。今では考えられないが、一カ月に創刊雑誌が一〇〇点、などという月もあった。もちろんその一方で休刊や廃刊していく雑誌も三〇点ぐらいあった。けれど年間にしたらもの凄い数の雑誌が世に出てきていたのだ。

単行本も文庫本もそれこそじゃんじゃん出ていた。本好き、雑誌好きにはたまらない黄金時代だった。

書店も増えていた。まだ若かった我々は毎日のようにいろんな書店にいき、コレハ！という面白そうな本を捜し、見つけると心の中でひと躍りしていた。面白そうな本はたちまち読んでしまったが、期待したのにガックリという本もあった。

ぼくたちが、書評とブックガイドの雑誌をつくろうと思ったのは、ぼくたちが面白がる本の紹介や書評などになかなか出会えなかったことがある。

書評の主力は大手新聞で、つぎが週刊誌ぐらいだっただろうか。けれど新聞がその書評欄でとりあげる本は各分野で権威あるヒトが多かったからかなにやらむずかしい本ばかりで、一般的でなくぜんぜん参考にならなかった。

当時ぼくなど毎日一冊は読んでいたSFなどがとりあげられることもまずなかった。この本にも書いたがなにしろSFは「異端の文学」でもあったのだ。軽い楽しいエッセイなどもまず紹介されなかったから我々は書店の店頭にいってじかにそういう本を捜していたのだった。

それじゃあ自分たちが楽しみ、よろこべるような本を紹介する雑誌をつくろう！というのが『本の雑誌』創刊の基本的な考えだった。当初六年ほどぼくはその編集長を精力的にやっていたが、やがて仕事で海外にいくことが多くなり、目黒とバトンタッチした。

それでも編集スタッフとして二十年ほどかかわっていた。その雑誌は現在でも部数を増して続いており、二〇一五年に創刊四〇周年になった。

まあそういうベースがあったからだろう。とにかく本を読む、ということが人生のひとつの「仕事」みたいになっていて、やがて自分も本を書く仕事に入っていったのだった。

本を書くようになると資料としての本が必要になる。趣味で読む本と仕事で読む本と、相変わらず「本漬け」人生が続いていた。

参考までに本に関する本はこれまで『活字のサーカス』『活字博物誌』『活字の海に寝ころんで』(三冊とも岩波新書)と出してきた。久しぶりなのが本書である。

長い時間距離をおいたものが収録されているので、だいぶ以前の本もそうとうまじっている。またそれと同時に最近十年ぐらいの間の出版物について語ることができなかった。この本がどのくらい世の中の参考になるのかわからないが、本好き人生を歩んできた者としてはとにかく嬉しい出版である。

雑多な原稿を的確に分類、仕分けしていただいた筑摩書房の鶴見智佳子さんの助けがなかったら全部埋もれた原稿になってしまったろうと思う。ありがとうございました。

最後に本書は新聞、雑誌、文庫本の解説などさまざまなところに書いたものを整理編集したものなのでところどころ重複して語っている本があります。できるだけ重ならないように手を入れましたが同一人物が選別していますので各セクションでベストアップしたものなどはどうしても二重に語っています。煩いと思われるところがあると思いますがお許し下さい。

椎名　誠

本書は文庫オリジナルです

旅に出る
ゴトゴト揺られて本と酒　椎名誠
旅の読書は、漂流モノと無人島モノと一点こだわりガンコ本！　本と旅とそれから派生していく自由な思いのつまったエッセイ集。（竹田聡一郎）

日本の村・海をひらいた人々　宮本常一
民俗学者宮本常一が、日本の山村と海、それぞれに暮らす人々の、生活の知恵と工夫をまとめた貴重な記録。フィールドワークの原点。（松山巖）

完全版
この地球《ほし》を受け継ぐ者へ　石川直樹
22歳で北極から南極までを人力踏破した記録。ほとばしり出る若い情熱を鋭い筆致で語るデビュー作、待望の復刊。カラー口絵ほか写真多数。（管啓次郎）

タイタニック号の最期　ウォルター・ロード　佐藤亮一訳
処女航海で海の藻屑と消えた「タイタニック号」。多くの資料と生存者の談話からその伝説の真相に迫った優れた記録文学。（細野晴臣）

新版
熱い読書　冷たい読書　辻原登
文字ある限り、何ものにも妨げられず貪欲に読み込み、現出する博覧強記・変幻自在の小宇宙。第67回毎日出版文化賞書評賞受賞作。（刈谷政則）

ニッポンの小説　高橋源一郎
わかりやすく文学の根源的質問に答える。「言葉とは？」「日本近代文学とは？」いま明らかにされる文学百年の秘密。（川上弘美）

書斎の宇宙　高橋輝次編
机や原稿用紙、万年筆などにまつわる身近な思い出話を通して、文学者たちの執筆活動の裏側を垣間見せてくれるアンソロジー。59篇収録。文庫オリジナル。

遠い朝の本たち　須賀敦子
一人の少女が成長する過程で出会い、愛しんだ文学作品の数々を、記憶に深く残る人びとの想い出とともに描くエッセイ。（末盛千枝子）

夜の読書　湯川豊
本は「人類の知的活動の痕跡」であり、読書は時空間を往還する精神の運動である。書評と読書についてのエッセイによる、その豊かな世界への道案内。

旅の理不尽　宮田珠己
旅好きタマキングが、サラリーマン時代に休暇を使い果たして旅したアジア各地の脱力系体験記。鮮烈なデビュー作、待望の復刊！（蔵前仁一）

四次元温泉日記　宮田珠己

迷路のような日本の温泉旅館は、アトラクション感あふれる異次元ワンダーランドだった！　名湯を巡る珍妙湯けむり紀行14篇。（新保信長）

旅するように読んだ本　宮田珠己

読書とは頭の中で旅をすることでもある。旅好きで本好きなタマキングが選んだ、笑える人文書たち。あなたも本で旅をしませんか。（椎名誠）

書斎のポ・ト・フ　開高健／谷沢永一／向井敏

博覧強記の幼馴染三人が、庖丁さばきも鮮やかに古今東西の文学を料理しつくす。談論風発・快刀乱麻の驚きの文学鼎談。（山崎正和）

パンツの面目ふんどしの沽券　米原万里

キリストの下着はパンツか腰巻か？　幼い日にめばえた疑問を手がかりに、人類史上の謎に挑んだ、抱腹絶倒&禁断のエッセイ。（井上章一）

言葉を育てる米原万里対談集　米原万里

この毒舌が、もう聞けない……類い稀なる言葉の遣い手、米原万里さんの最初で最後の対談集。VS.林真理子、児玉清、田丸公美子、糸井重里ほか。

書店風雲録　田口久美子

ベストセラーのように思想書を積み、書店界に旋風を起こした「池袋リブロ」と支持した時代の状況を現場からリアルに描き出す。（坪内祐三）

ぼくは散歩と雑学がすき　植草甚一

1970年、遠かったアメリカ。その風俗、映画、本、音楽から政治までをフレッシュな感性と膨大な知識、貪欲な好奇心で描き出す代表エッセイ集。

いつも夢中になったり飽きてしまったり　植草甚一

男子の憧れJ・J氏。欧米の小説やジャズ、ロックへの造詣、ニューヨークや東京の街歩き。今なお新鮮さを失わない感性で綴られる入門書的エッセイ集。

こんなコラムばかり新聞や雑誌に書いていた　植草甚一

ヴィレッジ・ヴォイスから筒井康隆まで夜を徹して読書三昧。大評判だった中間小説研究も収録したJ・J式ブックガイドで「本の読み方」を大公開！

雨降りだからミステリーでも勉強しよう　植草甚一

1950～60年代の欧米のミステリー作品の圧倒的で貴重な情報が詰まった一冊。独特の語り口で書かれた文章は何度読み返しても新しい発見がある。

ちくま文庫

寝《ね》ころび読書《どくしょ》の旅《たび》に出《で》た

二〇一五年十一月十日　第一刷発行

著　者　椎名　誠（しいな・まこと）

発行者　山野浩一
発行所　株式会社　筑摩書房
東京都台東区蔵前二―五―三　〒一一一―八七五五
振替〇〇一六〇―八―四一二三
装幀者　安野光雅
印刷所　明和印刷株式会社
製本所　株式会社積信堂

乱丁・落丁本の場合は、左記宛にご送付下さい。
送料小社負担でお取り替えいたします。
ご注文・お問い合わせも左記へお願いします。
筑摩書房サービスセンター
埼玉県さいたま市北区櫛引町二―六〇四　〒三三一―八五〇七
電話番号　〇四八―六五一―〇〇五三
© MAKOTO SHIINA, Inc. 2015 Printed in Japan
ISBN978-4-480-43301-5 C0195